Johanna Krapf
**Augenmenschen**

Johanna Krapf

# Augenmenschen

Gehörlose erzählen
aus ihrem Leben

Rotpunktverlag

Der Verlag dankt dem Schweizerischen Gehörlosenbund SGB-FSS
und der Max Bircher Stiftung für die finanzielle Unterstützung.

Der Rotpunktverlag wird vom Bundesamt für Kultur
mit einem Strukturbeitrag für die Jahre 2021–2024 unterstützt.

© 2015 Rotpunktverlag, Zürich
www.rotpunktverlag.ch

Fotos: Matija Zaletel
Zeichnungen: Corina Arbenz-Roth
Gestaltung und Satz: Ulrike Groeger
Druck und Bindung: CPI books GmbH, Leck

ISBN 978-3-85869-645-8
2. Auflage 2021

# Inhalt

| | |
|---|---|
| 7 | Vorwort |
| 9 | Einleitung |
| | |
| 15 | Gebärdensprache |
| 18 | Rita Zimmermann, geboren 1947 |
| 39 | Was bedeuten die Begriffe »gehörlos«, »taub« und »schwerhörig«? |
| 42 | Ueli Matter, geboren 1967 |
| 61 | Lautsprachbegleitendes Gebärden (LBG) |
| 64 | Pauline Rohrer, geboren 2001 |
| 75 | Bilinguale oder orale Erziehung? |
| 78 | Corina Arbenz-Roth, geboren 1975 |
| 99 | Der Mailänder Kongress von 1880 |
| 102 | Paul von Moos, geboren 1941 |
| 117 | Kultur der Gehörlosen |
| 120 | Barbara Diaz, geboren 1985 |
| 139 | Diskriminierung |
| 144 | Patrick Mock, geboren 1986 |
| 163 | Der GER und die Schweizer Gebärdensprachen |
| 166 | Patricia Hermann-Shores, geboren 1961 |
| 191 | Das Cochlea-Implantat |
| 194 | Eymen Al-Khalidi, geboren 1997 |
| 205 | Gebärdensprachdolmetschen |
| 208 | Barbara Bucher, geboren 1971 |
| 223 | Erläuterungen |
| 236 | Bibliografie |
| 237 | Autorin |

# Vorwort

Gehörlose sind in ihrer Wahrnehmung stark visuell orientiert. Deshalb werden sie hin und wieder auch »Augenmenschen« genannt. In ihrer Kommunikation sind sie immer auf Sicht- beziehungsweise Blickkontakt mit ihren Gesprächspartnern und -partnerinnen angewiesen, da sie entweder Gebärdensprache sprechen oder von den Lippen ablesen müssen. Sie erleben die Welt grundlegend anders als Hörende. Kein tief fliegendes Flugzeug oder heiseres Krähen eines Hahns weckt sie frühmorgens, weder Verkehrsrauschen noch Baustellenlärm lenken sie von der Arbeit ab, ihr Frühling kehrt ein ohne Vogelgezwitscher, und sie sind nie Zeugen von intimen Handygesprächen im Zug oder hitzigen Diskussionen am Stammtisch. Jedoch: Kein hörender Mensch sieht wie sie sofort aus den Augenwinkeln, wenn sich jemand von schräg hinten nähert, nimmt die Vibrationen des Bodens wahr, wenn der Staubsauger dröhnt, spürt den feinsten Luftzug, wenn eine Tür aufspringt, kann so ausdrucksstark mit Händen, Mimik und Körperhaltung Poesie darstellen.

Im Zentrum dieses Buchs stehen acht Lebensgeschichten von gehörlosen Menschen. Hinzu kommen das Porträt eines schwerhörigen jungen Mannes mit Hörimplantat und das einer Gebärdensprachdolmetscherin. Sie alle haben mir ihre Lebensgeschichte erzählt, haben ihre ganz persönlichen Erinnerungen und prägenden Erlebnisse mit mir geteilt und mich Einblick nehmen lassen in ihren Alltag. Für dieses mir entgegengebrachte Vertrauen möchte ich ihnen von Herzen danken.

Meine Rolle war die einer Gesprächspartnerin und eines Sprachrohrs. Deshalb versuchte ich in diesen Porträts, das mir Erzählte möglichst unverfälscht wiederzugeben. Meine Einflussnahme bestand vor allem darin, dass ich die Interviewpartner und -partnerinnen auswählte, die Fragen zusammenstellte und die Antworten gewichtete. Entstanden ist ein Mosaik, das sich aus zehn individuellen Schicksalen mit zehn unterschiedlichen Perspektiven zusammensetzt. Die Farben der Mosaiksteinchen beißen sich da und dort, und die Fugen dazwischen sind mal breiter, mal kaum zu sehen. Das muss so sein. Ich empfehle den Leserinnen und Lesern, einen Schritt zurückzutreten und das Gesamtbild aus der Distanz wirken zu lassen: Was bedeutet es, in der Mehrheitsgesellschaft der Hörenden nicht beziehungsweise schlecht zu hören? Ist die Beherrschung der Gebärdensprache für die Menschen mit einer Hörbehinderung eine Bereicherung oder sogar die Voraussetzung für eine hindernisfreie Kommunikation? Oder etwa doch nicht? Die Porträts und die Sachtexte, die jeweils an ein spezifisches Thema heranführen, mögen dazu beitragen, Antworten auf diese und weitere Fragen zu finden. Und sie möchten zu Fragen anregen, die die meisten Hörenden sich überhaupt noch nie gestellt haben.

Ein spezieller Dank geht an Hansjörg Roth, der sämtliche Texte kritisch gelesen und mich mit seinen bohrenden Fragen immer wieder zum Nachdenken herausgefordert hat, dann natürlich an meine Familie, alle auch sorgfältige Leserinnen und Leser, und an Barbara Bucher, die als Fachfrau die Sachtexte unter die Lupe genommen hat.

Ohne die tatkräftige Unterstützung von Bernadette Mühlebach, die mich mit ihrer Begeisterung für mein Projekt immer wieder neu ansteckte, hätte ich auf dem langen Weg bis zur Fertigstellung des Mosaiks wohl den Mut verloren und aufgegeben. Herzlichen Dank auch dir, Bernie.

Danken möchte ich zudem den Frauen vom Kiwanis-Club Zürich Turicum für ihre finanzielle Unterstützung.

*Johanna Krapf, Jona 2014*

# Einleitung

Die Idee zu diesem Buch ist nach und nach gewachsen. Seit ich angefangen habe, mich mit Gebärdensprache und mit den Menschen, die sie sprechen, zu beschäftigen, werden mir immer wieder dieselben Fragen gestellt. Kein Zweifel: Die meisten Hörenden – ich bin geneigt zu sagen: alle –, die nie einen gehörlosen Menschen kennengelernt haben, haben keine Ahnung, was es bedeutet, hochgradig schwerhörig zu sein. Ich möchte dies anhand einer Begebenheit, die sich vor ein paar Jahren zugetragen hat, veranschaulichen.

Ich war auf dem Heimweg und wartete in Zürich auf den Zug, als mir eine ehemalige Arbeitskollegin und ihr Mann begegneten. Wir setzten uns ins gleiche Abteil, und wir Frauen fingen an zu plaudern: Wie geht es dir? Wo arbeitest du gerade? Lernst du immer noch Griechisch beziehungsweise Chinesisch? Meine Bekannte berichtete von ihrem ausgefüllten Alltag als Pensionierte, ich von meinem kürzlich erschienenen Lehrmittel über die Gebärdensprache. Plötzlich blickte ihr Mann, der sich hinter der Zeitung verschanzt hatte, auf und fragte: »Wie kann eigentlich ein gehörloses Kind artikulieren lernen? Das ist doch ein Ding der Unmöglichkeit.« Ich erklärte ihm, wie er sich das in etwa vorzustellen habe: Das Kind müsse sich jeden Laut bewusst aneignen, und zwar mit Tasten, Blasen und Kontrollieren der Vorgänge beim Bilden der Laute im eigenen Mundraum – und mit Üben, Üben, Üben. Er hörte interessiert zu und vertiefte sich dann wieder in die Zeitung. Nach einer Weile hakte er nach: »Die Gebärdensprache ist eine universelle Sprache, nicht wahr?« Ich verneinte und erklärte ihm, es gebe unzählige davon, allein in der Schweiz drei: eine deutsche, eine französische und eine italienische. »Schade«, meinte er, »da hat man eine gute Gelegenheit verpasst. Eine einzige internationale Sprache wäre doch viel praktischer gewesen.« Ich erklärte ihm, dass niemand die Gebärdensprachen geschaffen habe, sondern dass sie natürliche, innerhalb von Sprachgemeinschaften gewachsene Sprachen seien, so wie Französisch und Schweizerdeutsch auch – im Gegensatz etwa zur Kunstsprache Esperanto[1]. Er bedankte sich und verschwand wieder hinter der Zeitung, aber kaum hatten wir Frauen unseren Gesprächsfaden aufgenommen, ließ er sie ein weiteres Mal sinken:

»Ich hätte noch eine letzte Frage: Woher kennt eigentlich ein gehörloses Kind die deutschen Wörter? Es ist ja nicht ständig von Lautsprache umgeben wie wir.« Es müsse sie lernen, antwortete ich, genau wie wir Hörenden uns eine Fremdsprache aneignen. Die Zeitung blieb schließlich ganz auf seinen Knien, während er mich mit Fragen löcherte und so sehr ins Thema eintauchte, dass er wohl an seinem Wohnort vorbeigefahren wäre, wenn ihn seine Frau nicht gerade noch rechtzeitig am Ärmel gepackt und zum Ausgang gezogen hätte. Unterdessen hatte sich ein Herr im Abteil nebenan erhoben: »Entschuldigen Sie, ich habe Ihrem Gespräch mit Interesse zugehört und würde Ihnen gern auch noch eine Frage stellen: Warum ...?«

Dieses Erlebnis mag als Beispiel dienen für all die Situationen, in denen ich mich damit konfrontiert sah, wie wenig Hörende über Hörbehinderung und ihre Folgen wissen. *Augenmenschen* möchte Fragen beantworten wie die nach der Anzahl Gehörloser, die in der Schweiz leben (vermutlich knapp 10 000 – genaue Zahlen gibt es nicht)[2], und falsche Vorstellungen richtigstellen (Gebärdensprache ist keine Pantomime). Es soll aufklären (eine hochgradige Hörbehinderung betrifft nicht nur das Hörvermögen, sondern indirekt auch das Lesen und Schreiben, was seinerseits zu einem Informationsdefizit führt) und Vorurteile abbauen (Menschen mit einer hochgradigen Hörbehinderung sind nicht taub*stumm*, denn sie können sprechen).

In *Augenmenschen* erzählen acht Gehörlose ihre Lebensgeschichte: Ueli Matter, dessen Eltern und Geschwister alle hörend sind; Pauline Rohrer und Patrick Mock, deren Eltern und Geschwister alle eine Hörbehinderung haben; Barbara Diaz und Rita Zimmermann, deren Eltern, Geschwister und Kind beziehungsweise Kinder hörend sind, während der Partner eine Hörbehinderung hat; Paul von Moos, dessen Eltern und Kinder hörend sind, während eines der Geschwister und die Partnerin eine Hörbehinderung haben; Patricia Hermann-Shores, deren Eltern hörend beziehungsweise hörbehindert sind, während eines der Geschwister und der Partner eine Hörbehinderung haben, und Corina Arbenz, deren Eltern, Partner und eines der Kinder hörend sind, während das andere Kind eine Hörbehinderung hat. Die jüngste porträtierte Person ist zwölf, die älteste über siebzig Jahre alt. Zusätzlich interviewte ich Eymen Al-Khalidi, der ein Cochlea-Implantat trägt und mit dem operierten Ohr achtzig bis neunzig Prozent hört (ohne CI wäre er völlig taub), und die Gebärdensprachdolmetscherin Barbara Bucher, die als Übersetzerin, aber auch als Tochter von Eltern mit einer Hörbehinderung über beide Sprachen, Gebärden- und Lautsprache, verfügt und mit beiden Kreisen und Kulturen vertraut ist.

Jedem Porträt ist ein Sachtext zu einem in Bezug auf Hörbehinderung oder Gebärdensprache relevanten Thema vorangestellt. Weiterführende Erläuterungen finden sich am Ende des Buchs; auf sie wird in den Porträts an passender Stelle verwiesen.

Die eindrücklichen Porträtfotos stammen von Matija Zaletel. Von Beruf ist er Hauswart, aber seine Freizeit gehört ganz dem Fotografieren. Er sagt: »Als Beruf wäre mir das Fotografieren zu unsicher.« Aufträge erhält er vor allem von der Gemeinschaft der Gehörlosen, denn er ist selber gehörlos. Corina Arbenz-Roth hat die Zeichnungen der Gebärden angefertigt. Sie stellt sich im Interview S. 78 vor.

Die Porträts sind absolut authentische Lebensberichte. Vor jedem Interview rief ich mir vor Augen, warum ich genau diese Person ausgewählt hatte und welche Fragen deshalb im Zentrum des Interesses stehen sollten, seien das diejenigen nach der Kindheit als gehörloses Kind in einer Familie von Hörenden, nach dem Spracherwerb, nach medizinisch-technischen Hilfsmitteln wie dem Cochlea-Implantat und seinen Auswirkungen, nach dem Ausbildungsweg, dem Berufsleben, der Alltagskommunikation oder den Lebensumständen von Gehörlosen in anderen Ländern. Dann stellte ich einen Fragenkatalog zusammen mit diesen spezifischen, aber auch vielen generellen Fragen, die mich bei allen Porträtierten gleichermaßen interessierten. Diese Liste schickte ich meinen Gesprächspartnern und -partnerinnen jeweils ein paar Wochen vor dem vereinbarten Termin. Und nun folgte das jedes Mal mit großer Spannung erwartete Interview: Würden wir einen Zugang zueinander finden? Welchen Verlauf würde das Gespräch nehmen? Würden wir einander verstehen? Diese Frage stellte sich nur bei den drei Interviews mit Eymen Al-Khalidi, Ueli Matter und Paul von Moos, da ich sie in Lautsprache führte. Ihre Formulierungen der Antworten konnte ich zum Teil auch direkt einfließen lassen.

Die übrigen Gespräche, außer dem mit Barbara Bucher, spielten sich in Gebärdensprache ab, und eine Dolmetscherin übersetzte, damit ich das Gesagte aufzeichnen konnte. Um diesen Dolmetschdienst war ich natürlich sehr froh, er führte aber naturgemäß dazu, dass eine Drittperson die gebärdensprachlichen Aussagen der Interviewpartnerinnen und -partner in eigene schweizerdeutsche Worte fasste, die ich dann wiederum verschriftlichte. Dieser Aspekt der zweimaligen Übersetzung und der daraus resultierenden Verfremdung zwischen der Originalerzählung in Gebärdensprache und dem hochdeutschen Text darf nicht außer Acht gelassen werden. Deshalb auch das Interview mit der Gebärdensprachdolmetscherin, in dessen Zentrum die anspruchsvolle Aufgabe des Dolmetschens steht.

Auf die Gespräche folgte jeweils eine Phase, in der ich sie nachklingen ließ und mir die Aufnahmen immer wieder anhörte, bevor ich mit dem Ausformulieren begann. Sobald der Text eine erste Form angenommen hatte, schickte ich ihn der interviewten Person zum Korrigieren und Ergänzen und überarbeitete ihn anschließend so lange, bis sie sich mit allen Aussagen und Formulierungen identifizieren konnte. Diese Phase unterschied sich stark von Text zu Text, abhängig von der Persönlichkeit der Porträtierten und – im Fall der sechs in Gebärdensprache geführten Interviews – von der Qualität der Übersetzungen. Bei manchen Texten musste ich nur wenige Details ändern, bei anderen hatten sich mehr Unstimmigkeiten eingeschlichen. Zudem schickten mir einige Porträtierte nach der ersten Lektüre viele neue, interessante Erlebnisse und Gedanken, die sie selber ausformuliert hatten und die es nun an passender Stelle einzufügen galt. In zwei Fällen war sogar ein zweites Treffen geboten, damit offene Fragen von Angesicht zu Angesicht besprochen werden konnten.

Die Texte haben unterschiedliche Formen und Stimmen: drei Erzählungen in der dritten und zwei in der ersten Person, drei Interviews und zwei mit Rahmentexten verquickte Erzählungen in der dritten Person. Warum diese Uneinheitlichkeit? Die jeweilige Textform spiegelt die Umstände und den Fluss des Gesprächs wider: Mal sprudelten die Erlebnisse wie ein Wasserfall, mal tröpfelten sie, mal plätscherten sie ruhig dahin, mal war ich es, die dem Bächlein eine bestimmte Richtung gab, mal nahm ein Interview einen unvorhergesehenen Verlauf. Aber alle Begegnungen hatten eines gemeinsam: Sie waren spannend, eindrücklich und bewegend. Nun lassen Sie sich bei der Lektüre von *Augenmenschen* die Augen für eine ganz spezielle Wahrnehmung der Welt öffnen – und zum Nachdenken darüber anregen!

## Anmerkungen

1. Die Grundlagen von Esperanto wurden 1887 von dem polnischen Arzt Ludwik Lejzer Zamenhof veröffentlicht mit der Absicht, allen Menschen eine gemeinsame Sprache zu geben.
2. Für Deutschland geht man von rund 80 000 Personen, für Österreich von rund 10 000 Personen aus.

# Gebärdensprache

Gebärdensprache ist nicht universell: Es gibt nicht nur eine einzige internationale, sondern viele verschiedene Gebärdensprachen, die sich wie die Lautsprachen ganz natürlich entwickelt haben. Somit hat jedes Land seine eigene Gebärdensprache, deren Gebärden von den besonderen gesellschaftlichen, kulturellen und historischen Gegebenheiten mitgeprägt wurden. In der Schweiz können die Deutschschweizer Gebärdensprache (DSGS), die Langue des Signes Française (LSF) und die Lingua Italiana dei Segni (LIS) unterschieden werden, und in der Deutschschweiz gibt es wiederum fünf Hauptdialekte: die Mundarten von Basel, Bern, Luzern, St. Gallen und Zürich. Die Kinder lernen die Gebärdensprache meist untereinander, etwa auf dem Pausenplatz der Gehörlosenschulen, und, je nach Schule, auch im Unterricht. Es sei denn, sie wachsen mit gehörlosen Eltern auf, dann wird in der Regel auch zu Hause Gebärdensprache gesprochen.

Die einzelnen Gebärdensprachen unterscheiden sich etwas weniger stark voneinander als die Lautsprachen. Gehörlose können sich deshalb müheloser über Sprachgrenzen hinweg verständigen als Hörende. Im internationalen Austausch untereinander verwenden sie leicht verständliche, oft bildhafte Gebärden. Obwohl diese Verständigungsform nicht als eigentliche Sprache bezeichnet werden kann, schafft sie eine kommunikative Brücke zwischen den verschiedenen Gehörlosenkulturen (▶ 21)[1]. Man nennt sie auch internationale Gebärdensprache.

Gebärdensprache darf nicht mit Pantomime verwechselt werden. Das zeigt sich am schnellsten darin, »dass man eine Geschichte in Pantomime leicht verstehen kann, die gleiche Geschichte in Gebärdensprache Nichtkennern der Gebärdensprache aber unverständlich ist«[2]. Wer eine Gebärdensprache beherrscht, kann darin ebenso gut abstrakte Vorstellungen und komplexe Zusammenhänge ausdrücken, wie dies in der Lautsprache möglich ist. Beispiele für abstrakte Gebärden in der Deutschschweizer Gebärdensprache sind: VERTRAUEN, MÖGLICH, EINVERSTANDEN, GELB, FÄHIG etc.

Es gibt aber auch bildhafte, sogenannte ikonische Gebärden, deren Bedeutung mit etwas Fantasie erkennbar ist (AUTO – die Hände scheinen ein Steuerrad zu bewegen, MILCH – die Bewegung der Hände erinnert an das Melken). »Auch wenn dem Nichtanwender der Gebärdensprache die Anschaulichkeit vieler Gebärden auffällt, so haben Untersuchungen doch gezeigt, dass nur zwischen einem Drittel und der Hälfte des Gesamtvokabulars eines erwachsenen Gehörlosen als einigermaßen ikonisch beurteilt werden kann.«[3]

Den Gebärdensprachen liegt genau wie allen anderen natürlichen Sprachen eine Grammatik zugrunde. Zwei Beispiele der DSGS seien hier erwähnt: »Als allgemeinstes Prinzip gilt, dass die Zeit gleich am Anfang oder kurz nach Beginn einer Äußerung durch eine Zeit-Gebärde festgelegt wird.« Und »ein leichtes Kopfnicken nach vorn mit Anheben der Augenbrauen und weitem Öffnen der Augen« charakterisiert einen Satz als Ja/Nein-Frage.[4]

In der Gebärdensprache werden Hände und Arme, Mimik, Blick, Kopf, Oberkörper und Mundbild (▶ 26) eingesetzt. Eine einzelne Gebärde wird definiert durch die Handform (Faust, Faust mit gestrecktem Zeigefinger, gespreizte Hand), die Handstellung (Handrücken nach unten, nach oben), die Ausführungsstelle (vor dem Gesicht, vor der Brust) und die Bewegung (Kreis, Wellenbewegung). Wenn ein einziger dieser Faktoren verändert wird, so wirkt sich das auf die Bedeutung der Gebärde aus. Die visuell wahrnehmbare Gebärdensprache nutzt also den dreidimensionalen Raum und kann deshalb viel mehr Information in eine einzelne Gebärde packen, als das mit den gesprochenen Wörtern der linearen Lautsprache möglich ist. Ein Beispiel (vereinfacht): Beginnt meine Gebärde für ANSCHAUEN bei mir und bewegt sich auf dich zu, so bedeutet das »Ich schaue dich an«, bewege ich die Gebärde von dir auf mich zu, so heißt das »Du schaust mich an«. Gleichzeitig kann ich mit dem Gesicht zusätzlich »staunend«, »verständnislos« oder »heimlich« ausdrücken und mit der Vehemenz der Gebärde die Intensität des Anschauens variieren.

Da es schwierig ist, Gebärdensprache schriftlich festzuhalten, müssen Gehörlose immer in einer Lautsprache schreiben und lesen, also sozusagen in einer Fremdsprache. Ein Wort, für das (noch) keine Gebärde existiert, eine Abkürzung oder auch ein unbekannter Name können buchstabiert werden mithilfe des Fingeralphabets. International verbreitet ist das Einhand-Fingeralphabet, bei dem die Buchstaben mit den Fingern einer Hand gebildet werden (▶ 9).

### Anmerkungen

1 Diese Verweise werden im Kapitel Erläuterungen (S. 223) erklärt.
2 Penny Boyes Braem, *Einführung in die Gebärdensprache und ihre Erforschung*, Hamburg 1995, S. 33.
3 Ebd., S. 36.
4 Ebd., S. 105.

# Rita Zimmermann

*geboren 1947*

Rita war fünfeinhalb Jahre alt, als sich bei einer Untersuchung herausstellte, dass sie gehörlos ist. Und bis sie erstmals eine Förderung erhielt, verging ein weiteres Jahr. Außer über einfache Zeichen – von echter Sprache keine Rede – konnte sie also auf sprachlichem Weg fast sieben Jahre lang keinen Kontakt zu ihren Mitmenschen aufnehmen. Es beeindruckt, wie Rita trotzdem ihren Weg machte: Sie schloss eine Lehre als Pelznäherin ab, absolvierte die Ausbildung als Gebärdensprachlehrerin und steckte unzählige Schülerinnen und Schüler, Hörende und Gehörlose, mit ihrer Begeisterung für die geliebte Gebärdensprache an. Heute ist Rita beim Dima-Sprachverein[1] angestellt und unterrichtet gehörlose Migrantinnen und Migranten. Und sie ist regelmäßig als Großmutter im Einsatz, da ihre Tochter berufstätig ist.

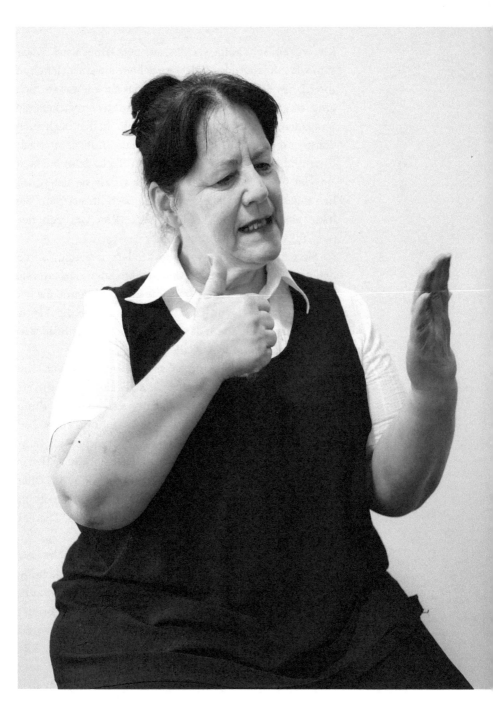

Rita war ein sehr aufgewecktes, aufmerksames Kind. Wachsam wie ein lauerndes Kätzchen achtete sie auf Zeichen in ihrer Umwelt, ob sie ihr einen Hinweis gaben, was vor sich ging, was von ihr erwartet wurde. Instinktiv entwickelte sie Strategien, schon als Kleinkind, die ihr halfen, sich möglichst gut einzufügen. Beim Spielen mit dem Nachbarshund behielt sie seine Ohren im Blick, denn zuckten sie oder stellte er sie auf, bedeutete das, dass sie sich umsehen musste. Hatte vielleicht jemand nach ihr gerufen? Sie hätte es nicht hören können, denn Rita war gehörlos (▶ 15, 17) zur Welt gekommen.

Sie wurde als erstes von vier Kindern geboren, von denen das jüngste schon nach wenigen Monaten starb. Als sie vier Jahre alt war, trennten sich die Eltern. Rita und die beiden Geschwister wurden nun fremdbetreut, die kleine Schwester von der Patin der Mutter, Rita und ihr Bruder in einem Kinderheim in St. Gallen.

Noch wusste niemand, dass Rita gehörlos war. Niemand war der Frage auf den Grund gegangen, warum sie nicht sprechen konnte. Ob die Eltern zu sehr mit ihren Eheproblemen beschäftigt gewesen waren und keine Zeit gefunden hatten, sich um das kleine Mädchen zu kümmern? Ob die Betreuerinnen im Heim sich nur für das körperliche Wohl der Kinder verantwortlich fühlten? Oder ob sich Rita dank ihrer außergewöhnlichen Beobachtungsgabe bisher kaum auffällig verhalten hatte? Die Fragen bleiben unbeantwortet.

Nach eineinhalb Jahren durften die drei Geschwister wieder zur Mutter zurück. Sie war eine neue Beziehung eingegangen und heiratete, als Rita achtjährig war, zum zweiten Mal. Der Stiefvater adoptierte Rita, ihren Bruder und die Schwester. Drei weitere Kinder wurden geboren, und mit der Kinderschar wuchs auch die Belastung. Rita als die Älteste wurde mehr und mehr als Kinder- und Dienstmädchen eingespannt. Sie machte die Betten und die Wäsche, kochte für die Familie, fütterte und wickelte die Kleinen. Noch heute sagt die fünfzehn Jahre jüngere Schwester zu Rita: »Du bist eigentlich meine Mama.« Freizeit, spielen, im Garten herumtollen? Dafür blieb keine Zeit. Der Stiefvater führte ein strenges Regime, duldete keine Widerrede, sparte nicht mit Strafen. Rita war sozusagen ein Verdingkind[2] in der eigenen Familie.

Aber sie ließ sich nicht unterkriegen, dachte sich kleine Vergeltungen aus, bettete zum Beispiel mit dem Leintuch ein Schlupfbett oder nähte einen Pyjamaärmel zu. Die harmlosen Streiche bereiteten ihr einen persönlichen Triumph und hellten ihren Alltag auf. Die Strafe des Stiefvaters nahm sie in Kauf, sie konnte es ihm ja ohnehin nie recht machen. Da hatten es die Geschwister viel leichter. Vor allem die drei Jahre jüngere Schwester schlich sich oft davon und überließ Rita die ganze Arbeit. Die Mutter mischte sich nicht ein, und Rita selber konnte sich nicht wehren. Sie war völlig ausgeschlossen von jeder verbalen Kommunikation.

*Instinktiv entwickelte sie Strategien, schon als Kleinkind, die ihr halfen, sich möglichst gut einzufügen.*

Dieses Fehlen einer Verbindung zu den Mitmenschen über Sprache und Gehör führte zum Glück nicht dazu, dass Rita verbitterte oder sich in sich selbst verkroch. Stattdessen entwickelte sie in ihrer Einsamkeit eine außerordentliche Fähigkeit zu beobachten, saß zum Beispiel in einem langen, dunklen Gang vor dem Mauseloch und beobachtete geduldig. Wartete in höchster Konzentration, bis sich das Mäuschen aus dem Versteck wagte. Wusste genau, was nun zu tun war: Das Händchen schnellte vor und packte das Mäuschen im exakt richtigen Augenblick. Dann brachte Rita die Beute stolz der Mutter, die es kaum glauben konnte: Das Kind hatte eine Maus gefangen, es war ja geschickter als die Katze (▶ 8)!

Nur, darüber reden, das konnte Rita nicht. Sie konnte dem Stiefvater am Abend nicht von ihrer Heldentat erzählen noch vor ihren Geschwistern damit auftrumpfen. Hätte es auch nicht gehört, falls die Mutter die Geschichte voller Stolz der Nachbarin berichten sollte. Das Kind hatte keinen Zugang zur Lautsprache. Wie durch eine dicke Glasscheibe war es von den anderen Menschen getrennt.

In ihrer Isolation entfaltete Rita nicht nur eine ausgeprägte Beobachtungsgabe, sondern auch eine Eigenständigkeit und ein starkes Selbstverantwortungsgefühl. Sie unternahm schon als Kleinkind Streifzüge nach St. Gallen, fuhr allein, nur in Begleitung des Nachbarshundes, mit der Mühleggbahn von St. Georgen ins Stadtzentrum hinunter. Der Fahrer der Drahtseilbahn kannte sie und wusste, sie würde ihren Heimweg schon finden, er musste sich nicht um sie kümmern.

Mit den Geschwistern verständigte sich Rita in einer Art Zeichensprache. Zusammen entwickelten sie eigene Handbewegungen, die sich aber nur auf das Notwendigste beschränkten: Komm her! Hilf mir! Lass mich in Ruhe! Du bist doof! Oder der Bruder zog Rita am Ärmel und zeigte ihr, was zu tun sei.

Als Rita fünfeinhalb Jahre alt war und immer noch nicht reden konnte, suchte die Mutter, nun doch allmählich beunruhigt, Rat bei einer Kollegin. Die schlug vor, man solle das Kind in der Taubstummenanstalt und Sprachheilschule in St. Gallen (heute Sprachheilschule St. Gallen) untersuchen lassen. Zwar hatte die Mutter ihren Arzt schon früher einmal darauf hingewiesen, dass ihr Kind nicht sprach, aber er war der Meinung, Rita sei einfach ein verwöhntes, wildes Mädchen; in Bezug auf ihre Sprachentwicklung liege nichts Außergewöhnliches vor, das Sprechen werde sich ganz von selbst einstellen. Also hatte die Mutter die Sache auf sich beruhen lassen. Trotzdem, das Kind war nun schon fünfeinhalb und sagte noch immer kein Wort. Die Mutter beherzigte den Ratschlag der Kollegin und fuhr mit Rita nach St. Gallen. Dort zeigte sich: Das Kind war gehörlos.

*Das Kind hatte keinen Zugang zur Lautsprache. Wie durch eine dicke Glasscheibe war es von den anderen Menschen getrennt.*

Gehörlos? Das konnte sich die Mutter nicht vorstellen. Rita war doch ein gelehriges Mädchen, ging ihr im Haushalt schon fleißig zur Hand und kümmerte sich um die jüngeren Geschwister. Wie war es möglich, dass es nicht hören konnte? Betroffen kehrte sie mit dem Kind nach Hause zurück.

Nun wurde Rita aber nicht, wie man das heute erwarten würde, unverzüglich in ein Frühförderprogramm (▶ 12) aufgenommen. Nein, man ließ ein weiteres Jahr verstreichen, in dem Rita sich selber überlassen blieb und keine Möglichkeit hatte, mit ihren Eltern zu kommunizieren.

Im Alter von sechseinhalb Jahren, im Frühling 1954, wurde sie endlich in die Sprachheilschule eingeschult, zusammen mit elf weiteren Kindern mit einer Hörbehinderung. Doch während die anderen Kinder im Schulinternat untergebracht waren, fuhr Rita jeden Abend heim. Der Weg dauerte fast eine Stunde. Und war sie endlich zu Hause angekommen, erwartete sie dort die Hausarbeit. Ein langer Tag für ein kleines Mädchen.

Der Einstieg in den Unterricht war auch kein Zuckerschlecken, denn Rita hatte einen großen Rückstand aufzuholen. Anders als ihre Mitschülerinnen und Mitschüler verfügte sie noch nicht einmal ansatzweise über irgendeine Form von Sprache, konnte weder von den Lippen ablesen noch in Lautsprache artikulieren (▶ 1). Deshalb war Üben angesagt, Üben und nochmals Üben. Der Unterricht hatte vor allem ein Ziel: die Lautsprache zu erwerben. Das Sch musste eingeschliffen werden, der Unterschied zwischen G und K, das Ng. Das R wurde nur akzeptiert, wenn ein vor den Mund gehaltenes Zeitungsblatt zu flattern begann – das vorn gerollte R, wohlverstanden, das Gaumen-R, wurde nicht gebilligt! Dieser Lernprozess war sehr anstrengend und zeitraubend. Daneben lernten die Kinder lesen und schreiben. Auch um sich das Lippenlesen anzueignen, mussten die Kinder viel Geduld und einmal mehr große

Konzentration aufbringen. Denn im Deutschen können nur höchstens dreißig Prozent der Laute eindeutig von den Lippen abgelesen werden, die anderen siebzig Prozent müssen ergänzt beziehungsweise erraten werden. Eine Ergänzung ist aber nur möglich, wenn man auf einen gewissen Grundwortschatz zurückgreifen kann, denn wie soll man ein Wort erraten, das man gar nicht kennt?

*Wer beim Gebärden erwischt wurde, erhielt Schläge auf die Finger oder musste hundertmal »Ich darf nicht gebärden« schreiben.*

Also musste auch der Wortschatz erarbeitet werden. Die Kinder lernten Sätze auswendig, immer gleich strukturierte Gebilde – rein mechanisch, ohne deren Sinn zu kennen, übten sie sozusagen tote Wortkörper ein, reine Worthülsen, ohne eine Vorstellung zu haben, welcher Sinn sich dahinter verbarg: »Der Baum ist grün«, »Der Busch ist grün«, »Die Hecke ist grün«.

Nur, was war überhaupt ein Baum oder ein Busch oder eine Hecke? Bilder wurden keine eingesetzt, obwohl sie doch so hilfreich gewesen wären. Und das Sprechen mit den Händen, das Gebärden? War strengstens verboten (▶ 25)! Die ganzen acht Schuljahre lang. Immer. Auch in den Pausen, wo eine Lehrperson ständig darüber wachte, dass dieses Grundgesetz eingehalten wurde. Die Hände durften nicht gebraucht werden. Punkt. Zum Glück aber haben Lehrpersonen keine Insektenaugen. Drehten sie den Kindern den Rücken zu, so begannen diese sogleich, miteinander zu gebärden. Für Rita eine ganz neue und wunderbare Erfahrung. Endlich hatte sie die Möglichkeit, spontan draufloszuplaudern, ohne dauernd Angst zu haben, sie verliere den Gesprächsfaden oder verstehe etwas falsch.

Aber eben, die Gebärdensprache kam nur in den Pausen zum Zug und nur, wenn die Aufsichtsperson wegschaute. Leider. Denn dank des Gebärdens lernte Rita sich selbst besser kennen, und es unterstützte sie auch beim Erwerb der Lautsprache. Lautsprachliche Äußerungen füllten sich auf einmal mit Inhalt. Sätze, die sie vorher rein mechanisch nachgesprochen hatte, bekamen plötzlich einen Sinn. Schade nur, dass die Pausen so kurz und die Aufsichtspersonen so aufmerksam waren. Wer beim Gebärden erwischt wurde, erhielt Schläge auf die Finger oder musste hundertmal »Ich darf nicht gebärden« schreiben.

Im Gegensatz zur Gebärdensprache spielte das Hörgerät, das Rita im Alter von zehn Jahren verpasst wurde, nur eine untergeordnete Rolle. Sie konnte dieses lästige Ding nicht ausstehen, das an ihrem Hals baumelte und nur knackte und knirschte und undefinierbare Geräusche von sich gab, die man überhaupt nicht orten konnte. Kaum zu Hause, zog sie das verhasste Ding aus und versorgte es in der Schublade.

Auch ohne Hörgerät machte Rita große Fortschritte. Sie übte viel und gern und war zutiefst wissbegierig. Nach etwa vier Jahren hatte sie das Lesen erfasst, artikulierte nicht mehr nur leere Worthülsen, sondern konnte richtig verstehen, den Wortsinn aufnehmen und einer Erzählung folgen. Die Tür zu einer neuen Welt war ihr aufgegangen. Sie liebte es, Märchen zu lesen, selber welche zu erfinden und zu erzählen, dies allerdings nicht nur mit Worten, sondern immer auch mit den Händen. Rita war regelrecht ausgehungert, begierig nach Geschichten, nach Stoff für ihre Fantasie. Doch dieses Bedürfnis konnte die Schule nicht stillen, denn der Fächerkanon bestand hauptsächlich aus Sprache, Rechnen, Zeichnen, ein bisschen Naturkunde und Geografie. Geschichte wurde überhaupt nicht unterrichtet.

Erst Mitte dreißig wurde Rita so richtig bewusst, wie eingeschränkt ihr Unterricht gewesen war, dann nämlich, als ihr älteres Kind eingeschult wurde und sich bereits in der ersten Klasse mit dem Stoff befasste, den sie selbst in der sechsten Klasse durchgenommen hatte.

Schon während ihrer Schulzeit also las Rita gut und sehr gern. Deshalb zögerte sie nicht lange, als ihre Mutter sie einmal vor Weihnachten fragte, ob sie sich etwas wünsche. »Ja«, antwortete sie, »ein eigenes Buch!« Zwar wurde ihr Wunsch erfüllt, aber leider hatten die Eltern wenig Verständnis für ihre neue Leidenschaft. Deshalb konnte sie tagsüber nur im Verborgenen lesen, und wenn sie vom Stiefvater erwischt wurde, nahm er ihr das Buch weg. Einzig im Bett vor dem Einschlafen fand sie etwas mehr Zeit und Muße. Doch es dauerte nicht lange, bis sie der Stiefvater auch dort ertappte. Nun kontrollierte er regelmäßig durchs Schlüsselloch, ob in ihrem Zimmer noch Licht brannte. Also musste sie unter der Bettdecke im Schein der Taschenlampe lesen.

Ritas Alltag war, wie gesagt, sehr hart: Schule bei einem strengen Lehrer, lange Hin- und Rückfahrten und daheim die Hausarbeit. Ohne dass sie je in die Kochkunst oder Babypflege eingeführt worden wäre und ohne dass ihr jemand die Handgriffe beim Waschen und Bügeln erklärt hätte, hatte sie sich ganz selbständig das notwendige Wissen angeeignet, nur durch Beobachten und Imitieren; an Gelegenheiten, sich darin zu üben, fehlte es ihr jedenfalls nicht ...

Seit sie in der Schule das Ablesen und Artikulieren der Lautsprache lernte, war sie aber wenigstens nicht mehr ganz allein in ihrer Welt, denn nun konnte sie mit ihren Geschwistern leichter Kontakt aufnehmen. Immer häufiger versuchte sie, sich mit ihnen in Lautsprache zu verständigen. Allerdings redeten die Geschwister Dialekt, während der Unterricht in Hochsprache stattfand. Folglich musste sich Rita einmal mehr anpassen und die Mundart sprechen lernen. Und zwar möglichst korrekt, denn die Brüder und Schwestern waren noch unerbittlicher als der Lehrer: Sie plagten Rita und lachten sie wegen ihrer Aussprache aus. Doch das schreckte Rita nicht ab, sondern spornte sie erst recht an. Hin und wieder verbündeten sich die Geschwister aber auch mit ihr, um die Eltern zu überlisten. Sie sprachen dann einfach ohne Stimme, nur mit

Mundbewegungen, und Rita las von ihren Lippen ab. So bekamen die Eltern nichts davon mit.

Ritas Kommunikation mit Stiefvater und Mutter war und blieb sehr eingeschränkt. Sie konnte nicht erzählen, was sich in der Schule zugetragen hatte, und wenn die Familie um den Tisch beisammensaß, war sie ausgeschlossen. Die anderen lachten und plauderten über Rita hinweg, und sie hatte keine Ahnung, wovon das Gespräch handelte. Die Eltern konnten sich nicht in sie hineinfühlen und wussten auch gar nicht, wie sie mit ihr reden sollten. Oft bat Rita ihre Mutter: »Bitte, Mama, erzähl mir, worüber ihr gerade sprecht! Ich habe nicht folgen können.« – »Das ist nicht wichtig für dich«, antwortete die Mutter dann oder vertröstete Rita auf später. Aber ein Später gab es nicht, denn später hatte die Mutter längst vergessen, was am Tisch verhandelt worden war. Rita tappte auch im Dunkeln, warum Weihnachten oder Ostern gefeiert wurden, denn niemand erklärte ihr den Sinn. Es blieb ihr nichts anderes übrig, als die Abläufe zu beobachten und sich einzufügen, so gut sie das konnte. Manche dieser Zusammenhänge verstand sie erst, als sie sich Bücher kaufte, weil sie die Fragen ihrer eigenen Kinder beantworten wollte.

*Wie sollte sie herausfinden, was der Sinn von Weihnachten oder Ostern war, wenn ihn niemand erklärte?*

So lernte Rita früh, Probleme mit sich selber auszumachen, Ängste zu überwinden und Techniken zu entwickeln, um sich gegen Verletzungen zu schützen. Wenn die Leute um sie herum schwatzten und lachten, ließ sie sich nicht verunsichern. Sie riss sich zusammen und dachte: Nein, die lachen nicht über mich.[3]

In der Schule hatte Rita den Rückstand auf die anderen Kinder längst gutgemacht und sie sogar überholt. Deshalb übernahm sie jetzt, wo sie lesen konnte, eine neue Rolle: Sie half ihren Mitschülerinnen und Mitschülern, wenn sie nicht verstanden, was der Lehrer von ihnen erwartete, erklärte ihnen seine Arbeitsaufträge und übersetzte seine Erläuterungen: eine wichtige Unterstützung für die Kinder, für den Lehrer hingegen eine ganz und gar unerwünschte Einmischung in seine Verantwortung. Und wenn Rita sich dabei der Hände bediente, war ihr die Strafe sicher. Doch das hielt sie nicht davon ab, den anderen immer wieder beizustehen, waren sie doch oft völlig überfordert. Wie sollten sie denn eine Geschichte zusammenfassen, wenn die gelesenen Sätze leere Lautfolgen blieben?

Nach acht Jahren war Ritas Ausbildung beendet. Sie konnte nun gut lesen und schreiben, ablesen und Lautsprache sprechen. Die Gebärdensprache hatte sie ebenfalls gelernt, wenn auch nur in den Pausen. Allerdings war ihr nicht bewusst, dass es sich dabei um eine richtige, vollwertige Sprache handelte, der genau wie dem Deutschen oder Englischen eine Grammatik zugrunde lag. Rita hatte auch keine Vorstellung davon, was es hieß, gehörlos zu sein. Was bedeutete das: zu hören? Was war das Besondere daran, nicht zu hören? Wie erlebten Hörende, wie sahen Gehörlose die Welt? Diese Fragen wurden in der Schule nicht behandelt, ebenso wenig wie viele andere Themen: gesellschaftliche oder politische Probleme, geschweige denn die sexuelle Aufklärung. Waren die Kinder nun wirklich auf ein Leben in der Gesellschaft und Arbeitswelt der Hörenden vorbereitet, wie es das erklärte Ziel dieser rein lautsprachlich orientierten Erziehung war (▶ 5, 28)?

Bei ihrem Schulabschluss im Frühling 1962 – sie war vierzehneinhalb – bekam Rita ein sehr gutes Zeugnis. Sie hatte vielerlei Interessen, und es stellte sich nun die Frage nach der Berufswahl. Sie liebte es, mit Kindern zu spielen und ihnen Märchen zu erzählen, war geschickt mit den Händen, bastelte oft und hatte ein Flair fürs Dekorieren. Deshalb sah sie sich am ehesten als Kindergärtnerin, Dekorateurin oder Coiffeuse. Doch sie hatte keine Chance. Sie sei ungeeignet, hieß es, eine Lehrstelle würde sie in diesen Berufen bestimmt nicht finden. Stattdessen könne sie »Lochkarten-Stecherin« in einem Büro werden oder auch

Weißnäherin, Damenschneiderin, Teppichflickerin, Büglerin, Pelznäherin. Dafür aber interessierte sich Rita nicht, und sie versuchte sich zu wehren – ohne Erfolg. Schließlich entschied sie sich für eine Lehre als Pelznäherin. Die Lehrjahre wurden eine harte Zeit, denn es herrschte ein raues Arbeitsklima. Der Chef war sehr streng, tadelte häufig und setzte die Angestellten, vor allem Rita, dauernd unter Druck, schneller zu arbeiten. Sie war zwar flink und nähte gut, aber sie wollte wie die anderen hin und wieder ein bisschen plaudern. Das war ihr allerdings nur möglich, wenn sie von der Arbeit aufschaute und das Nähen kurz unterbrach, denn ohne Blickkontakt konnte sie sich nicht unterhalten. Doch das passte dem Chef überhaupt nicht. Ja, es waren drei schwierige Jahre. Ein Gespräch mit dem Chef? Kam praktisch nie vor! Eine Einführung in die Theorie? Gab es nicht! Im Grunde wurde Rita nur als billige Arbeitskraft missbraucht. Trotzdem hielt sie durch. Sie wusste, sie musste ausharren und die Lehre hinter sich bringen. Erst mit einem Lehrabschluss in der Tasche würde sie frei sein und über ihr Leben bestimmen können. Dann würde ihre Chance kommen!

Endlich war es so weit. Die Lehrzeit war überstanden, und der erste der drei Prüfungstage brach an. Rita hatte Glück, ihr Prüfer war nett und wohlwollend. Und er staunte nicht schlecht, als sie schon am ersten Tag alle praktischen Aufgaben erledigt hatte, denn ihr war viel mehr Zeit dafür zugestanden worden. Somit hatte sie diesen Teil der Prüfung bestanden. Jetzt folgte nur noch die Theorieprüfung. Aber: welche Theorie? Rita hatte keine Ahnung. Sie war zwar in die Berufsschule in Zürich gegangen. Aber sie hatte dort eine Spezialklasse besucht, zusammen mit anderen Gehörlosen aus unterschiedlichen Lehrbereichen, wo sie nur in allgemeinbildenden Fächern unterrichtet worden war. Auch ihr Chef hatte sie nie in Pelzkunde unterwiesen, und anstatt auf ihre Fragen einzugehen, hatte er

*Rita hatte auch keine Vorstellung davon, was es hieß, gehörlos zu sein. Was bedeutete das: zu hören? Wie erlebten Hörende, wie sahen Gehörlose die Welt?*

sie abgewimmelt. Selbst Bücher waren ihr keine zur Verfügung gestellt worden. Wie sollte sie da jetzt theoretische Fragen beantworten? Dem Prüfer war bald klar, wo Ritas Problem lag. Deshalb gab er ihr drei Bücher und bat sie, diese zu lesen. Sie habe zwei Tage Zeit dafür, dann solle sie wiederkommen, und er werde sie abfragen. Rita nahm die Bücher unter den Arm und fuhr nach Hause. Zwei Tage für drei Bücher waren nicht gerade großzügig bemessen, und wenn daneben noch Kochen und Haushalt zu erledigen waren, würde es richtig knapp werden. Rita las bis in die frühen Morgenstunden, schlief ein wenig und begann um sechs Uhr wieder mit Lernen. Dabei versuchte sie sich auf das Wichtigste zu konzentrieren. Nach zwei Tagen trat sie erneut zur Prüfung an, zitternd vor Nervosität, denn es war ihr klar, dass sie die Theorie in so kurzer Zeit nicht hatte verinnerlichen können. Doch der Prüfer beruhigte sie und begann mit seinen Fragen – alles natürlich in Lautsprache und ohne Dolmetscher. Aber Rita gab ihr Bestes. Nach einer Weile unterbrach er sie und sagte: »Du hast bestanden. Wenn man berücksichtigt, dass du nur zwei Tage zum Lernen hattest, hast du deine Aufgabe sehr gut gemacht!« Rita konnte es kaum glauben: Sie hatte es geschafft, sie hatte die Lehre abgeschlossen!

Doch damit änderte sich nichts an ihrem Arbeitsverhältnis. Der Chef nahm keinerlei Notiz von ihrem neuen Status, behauptete sogar, Rita habe die Prüfung gar nicht bestanden. Ob er sie weiterhin als billige Arbeitskraft ausnutzen wollte und dachte, als Gehörlose merke sie nicht, was für ein übles Spiel er mit ihr trieb? Jedenfalls war sie verunsichert, und als auch die Mutter an ihrem Erfolg zweifelte, wusste Rita nicht mehr, was sie glauben sollte. Hatte sie etwas missverstanden? Schließlich rief die Mutter den Prüfer an, und dieser bestätigte, Rita habe bestanden. Dennoch weigerte sich der Chef, eine Bescheinigung zu schreiben. Erst als der Prüfer persönlich bei ihm erschien,

*Sie wehrte sich gegen ungerechte Behandlung und grundlose Beschimpfung und ließ sich von den anderen Angestellten keine Arbeiten mehr anhängen. Es war ein richtiger Befreiungsschlag.*

gab er nach und stellte Rita einen Fähigkeitsausweis ihres erfolgreichen Lehrabschlusses aus. Nun waren endlich alle Zweifel ausgeräumt.

Rita arbeitete weiterhin im Geschäft, aber mit einem ganz neuen Selbstbewusstsein. Sie hatte keine Angst mehr. Der Chef kannte sie nicht wieder, ja, Rita kannte sich selbst nicht wieder: Sie wehrte sich gegen ungerechte Behandlung und grundlose Beschimpfung und ließ sich von den anderen Angestellten keine Arbeiten mehr anhängen. Es war ein richtiger Befreiungsschlag. Ja, mittlerweile hatte sie realisiert, dass das Leben nicht ausschließlich aus Arbeit bestand, sondern dass auch sie ein Recht auf Freizeit hatte. Vergnügt zog sie am Sonntag mit einer ehemaligen Kollegin aus der Sprachheilschule los und erfreute sich des Lebens.

Nach einem weiteren Jahr als Pelznäherin gab sie ihre Stelle auf. Unterdessen hatte sie einen Mann kennengelernt, der ebenfalls gehörlos war. Sie waren sich näher gekommen und sprachen schon bald von Heirat, obwohl Rita erst neunzehn war und keine Ahnung hatte, was das Wort beinhaltete. Niemand hatte je mit ihr darüber gesprochen. Was würde von ihr als Ehefrau erwartet? Mit dieser Frage wandte sie sich an ihre Mutter und an den Pfarrer, aber echte Antworten erhielt sie nicht. Was zählte, war einzig, dass ihr Freund katholisch war. Liebe? Liebe machen? »Das ergibt sich dann später ganz von selbst. Man muss sich einfach gern haben«, meinte die Mutter. Auch was eine Verlobung bedeuten würde, war Rita nicht klar. Trotzdem bestärkten sie alle zu heiraten. Ihr Freund sei ein guter Mann aus einer seriösen Familie und habe eine sichere Stelle im Geschäft der Eltern. Schließlich war Rita einverstanden, und das nicht zuletzt deshalb, weil sie hoffte, als Ehefrau endlich frei zu sein und selber über ihr Leben bestimmen zu können.

Doch weit gefehlt: Wieder war sie das unbezahlte Dienstmädchen – nur diesmal das ihrer im selben Haus lebenden Schwiegereltern. Und das behagte ihr überhaupt nicht. Sie begann sich gegen das strenge Regime der Schwiegermutter zu wehren und suchte bei ihrem Mann Unterstützung: »Meine Stellung in der Familie gefällt mir absolut nicht. Ich bin doch jetzt eine freie Frau!« Aber er hielt zu seiner Mutter. Auch am Wochenende blieb die erwartete Freiheit aus, denn am Samstag und Sonntag ging man in die Kirche, die Frauen sittsam gekleidet in hochgeschlossenen Blusen und Kleidern.

*Rita war stolz auf ihre hart erkämpfte Freiheit und genoss sie in vollen Zügen. Sie traf sich mit anderen Gehörlosen, ging zu Sportanlässen und wurde sogar Leiterin im Turnverein – alles innerhalb der Gemeinschaft der Gehörlosen.*

Immerhin klappte nun die Kommunikation besser als in Ritas Familie. Mit ihrem Mann konnte sie sich gut in Gebärdensprache unterhalten, und dessen Eltern und die vier Geschwister, alle hörend, artikulierten ihm zuliebe deutlich und klar. Für Rita eine ganz neue Erfahrung. Aber wo war die Liebe geblieben? Hatte man nicht erklärt, sie stelle sich im Eheleben ganz von allein ein? Rita spürte nichts davon und fragte sich, ob es vielleicht nicht eher umgekehrt sei: ob man ohne Liebe vielleicht gar nicht in die Rolle der Ehefrau hineinwachsen könne. Jedenfalls mochte sie all diese an sie gestellten Erwartungen – unbezahlte Arbeitskraft, gläubige Kirchgängerin und gehorsame Gattin – nicht länger erfüllen. Deshalb reichte sie nach einem Jahr die Scheidung ein – immer mit den Worten ihres Anwalts im Hinterkopf: »Dieser Mann ist nicht gemacht für Sie, Sie sind viel zu gut für ihn!«

Die bittere Erfahrung hatte Rita reifer gemacht. Sie kehrte nach St. Gallen zurück, wo sie sich eine Zweizimmerwohnung mietete mit Geld, das ihr ein Freund ihres Stiefvaters vorgestreckt hatte, und verdiente sich ihren Lebensunterhalt als Angestellte in verschiedenen Haushalten. Rita war stolz auf ihre hart erkämpfte Freiheit und genoss sie in vollen Zügen. Sie traf sich mit anderen Gehörlosen, ging zu Sportanlässen und wurde sogar Leiterin im Turnverein – alles innerhalb der Gemeinschaft der Gehörlosen (▶ 21). Lange genug hatte sie fast ausschließlich in der Gesellschaft der Hörenden gelebt und sich angepasst. Nun war die Zeit gekommen, wo sie sich vergnügen und in ihrer Sprache unterhalten wollte. Endlich verstand sie, wie es möglich war, in ein Gespräch einzutauchen, ohne höchste Konzentration aufbringen zu müssen. Stundenlang tauschte sie sich mit ihresgleichen aus. Wie die Hörenden, die sie früher beim Plaudern beobachtet hatte. Damals hatte sie sich jeweils gefragt: »Was schwatzen die denn so lange? Gibt es überhaupt so viel zu besprechen?«

Drei Jahre nach ihrer Scheidung heiratete sie erneut. Diesmal sollte es eine glückliche und erfüllte Ehe werden. Mit ihrem schwerhörigen Mann lernte sie echte Liebe kennen. Sie teilten ihr Leben und ihre Interessen, unterstützten sich gegenseitig und lernten voneinander – bis zum heutigen Tag. Dank ihres Mannes begann Rita auch, neugierig und wissensdurstig wie sie war, Zeitung zu lesen, denn er hatte einen großen Wortschatz und konnte ihr weiterhelfen, wenn sie etwas nicht verstand (▶ 23). Ritas Informationsdefizit war enorm, doch ihr Bedürfnis, diesen Rückstand aufzuholen, war noch größer. Endlich war sie glücklich, und mit ihrem Glück wuchs auch der Wunsch nach eigenen Kindern. Als sie zum ersten Mal schwanger wurde, war sie schon über dreißig. Sie freute sich unbeschreiblich – und wünschte sich insgeheim ein gehörloses Kind (▶ 29). Denn dann wäre die Gebärdensprache seine natürliche Erstsprache und die Verständigung mit ihm einfacher – einfacher und, so fragte sie sich, vielleicht auch tiefgründiger? Nun, das Kind kam hörend zur Welt, und das war gut so. Rückblickend sagt Rita: »Es war gesund, und nur das zählte. Wir haben versucht, ihm beide Sprachen mitzugeben, und haben es bilingual erzogen.« (▶ 5)

Es war ein stiller und feinfühliger Junge. Schon als kleinem Kind fiel ihm die Andersartigkeit seiner Eltern beziehungsweise die Reaktion der Hörenden darauf auf, und er litt darunter, dass seine Familie deswegen stigmatisiert wurde. Zwar sagte er nicht viel, aber Rita spürte, irgendetwas war nicht in Ordnung. Als er schließlich in den Kindergarten kam und kaum je von seinen Erlebnissen erzählte, begleitete sie ihn eines Tages und fragte die Kindergärtnerin, ob sie etwas beobachtet habe. Diese antwortete: »Taubstumm – Bub – schämen ...« Rita erstarrte. Hatte sie wirklich das Wort »taubstumm« (▶ 32) abgelesen? War es möglich, dass eine Lehrperson, deren Kindergarten zudem nur drei Minuten von der Sprachheilschule entfernt lag, nicht wusste, was dieser Begriff beinhaltete: taub und *stumm*? Gehörlose sind doch nicht *stumm!* Rita war schockiert. Sie erklärte, dass der Begriff »taubstumm« falsch sei und nicht mehr verwendet werde, dass man heute von Gehörlosigkeit spreche. Sie sagte klar und deutlich – in Lautsprache natürlich: »Ich kann reden, mit Stimme!« Da wurde die Kindergärtnerin still. Rita fragte noch einmal nach Auffälligkeiten im Verhalten ihres Jungen. »Ja«, erhielt sie zur Antwort, »er schämt sich. Die anderen Kinder verspotten ihn. Ihre Eltern sind eben hörend.« Ganz offensichtlich war die Kindergärtnerin überfordert; Missverständnisse zwischen den Kindern konnte sie jedenfalls nicht abbauen.

Auch in der Schule wiederholten sich die Probleme. Deshalb bot Rita der interessierten Lehrerin an, einen Vortrag über Gehörlosigkeit zu halten. Rita erzählte den Kindern, sie sei zwar gehörlos, habe aber gelernt, mit Stimme zu sprechen. Und führte aus, wie schwierig es sei, die Lautstärke zu kontrollieren, die Stimme zu modulieren und die Wörter richtig zu betonen. Alle lauschten gebannt.

Trotz Ritas Engagement schämte sich ihr Sohn weiterhin, wenn seine Mutter in der Öffentlichkeit gebärdete. Das machte Rita betroffen und auch etwas ratlos. Was war denn falsch am Gebärden? Heute kann ihr Sohn besser mit der Situation umgehen, aber selber gebärden möchte er noch immer nicht. Wenn hingegen sein dreijähriges Kind mit den Händchen spricht, findet er das äußerst süß. Und Rita freut es, dass sich ihre Schwiegertochter für die Gebärdensprache interessiert.

Ritas zweites Kind, ein Mädchen und ebenfalls hörend, verhielt sich anders: Schon im Kindergarten verteidigte es seine Mutter vehement, wenn die Kinder riefen: »Deine Mutter ist stumm, deine Mutter ist stumm!« Und setzte sich zur Wehr: »Ist sie nicht! Überhaupt: Meine Mama ist die beste Mama der Welt!« Die Tochter sträubte sich zwar nicht gegen die Gebärdensprache, aber auch sie wollte als Kind nicht aktiv gebärden. Sie verstand die Mutter problemlos, ob diese nun mit den Händen und/oder mit der Stimme sprach, antwortete selber jedoch immer in Lautsprache. Erst als Erwachsene ließ sie sich ganz auf die Gebärdensprache ein und begann, sie zu lernen. Im Nachhinein ärgert sie sich ein wenig über sich selbst: »Schade! Warum bloß habe ich nicht von der wunderbaren Gelegenheit profitiert, zweisprachig aufzuwachsen?« Umso mehr freut sie sich, dass ihre beiden Kinder ohne Hemmungen und ganz selbstverständlich mit ihrer Omi sowohl in Laut- als auch in Gebärdensprache plaudern, ja, dass sie sie sogar manchmal bitten, mit ihnen »Gebärdensprachkurs« zu spielen.

*Gehörlose sind doch nicht stumm! Rita war schockiert.*

Ritas Kommunikation mit ihrem Sohn ist anders als mit ihrer Tochter: Mit dem Sohn spricht sie eher sachlich über die Familie und über Berufliches, während sie die Gespräche mit der Tochter als etwas persönlicher und intensiver empfindet, da sie sich in Gebärdensprache unterhalten können (so sieht es Rita – ihr Sohn sieht es anders). Denn, sagt sie, ein wirkliches Gespräch, das einfach so dahinplätschert, sei für sie in Lautsprache nicht möglich. Wenn sie ohne Gebärden auskommen müsse, ergebe sich lediglich eine Art Small Talk, ein mehr oder weniger künstliches Frage-Antwort-Pingpong, bei dem die Initiative meist auf ihr laste. Und sobald ihr die Fragen ausgingen, versickere das Gespräch. Echte, natürliche Kommunikation könne sich für sie nur in Gebärdensprache ergeben. So schöpft Rita mit ihrem Mann alle sprachlichen Möglichkeiten aus, denn sie kann die verschiedenen Kanäle nicht völlig voneinander trennen.

Mittlerweile ist Rita eine Expertin in Gebärdensprache geworden. Viele Jahre unterrichtete sie – mit Herzblut – Hörende und Gehörlose darin, obwohl sie bis zum Schuleintritt über keine Sprache verfügte und die Gebärdensprache erst lernte, indem sie die anderen Kinder auf dem Schulhof beobachtete, sie nachahmte und von ihnen korrigiert wurde. Seither verfügt auch sie über eine natürliche Sprache – eine Sprache, die sie vollständig verstehen kann. Deshalb nennt sie die wunderbare Gebärdensprache ihre Muttersprache und ist stolz darauf. Das Fachwissen dazu hat sie sich nachträglich in einer dreijährigen Ausbildung zur Gebärdensprachlehrperson am Heilpädagogischen Seminar in Zürich (heute Hochschule für Heilpädagogik) erworben.

Heute unterrichtet Rita gehörlose Migrantinnen und Migranten beim Dima-Sprachverein. Sie schätzt das Geben und Nehmen im Umgang mit diesen Menschen, die mehrfach benachteiligt sind: ohne Zugang zur hiesigen Lautsprache, ohne Zugang zur Schweizer Kultur der Gehörlosen und zur Gebärdensprache. Wer könnte sich besser in sie und ihre schwierigen Lebensumstände einfühlen als die von ihrer eigenen Geschichte geprägte Rita?

Sie hat ihren Eltern verziehen und kann heute über die schwierigen Kindheitsjahre reden und lachen. »Ja«, sagt sie, »das waren noch Zeiten.« Sie ist zufrieden mit ihrem Leben und ihren Aufgaben, ist beschenkt mit vielen Interessen und einer wundervollen Familie. Ganz besonders liebt sie ihre Rolle als Großmutter. Sie genießt es, mit den Enkelkindern zu spielen und ihnen nach Herzenslust Märchen zu erzählen. Mit ihnen darf sie so sprechen, wie ihr der Schnabel und vor allem die Hände gewachsen sind!

*Sie genießt es, mit den Enkelkindern zu spielen und ihnen nach Herzenslust Märchen zu erzählen. Mit ihnen darf sie so sprechen, wie ihr der Schnabel und vor allem die Hände gewachsen sind!*

## Anmerkungen

1. Dima steht für »Deutsch im Alltag«, www.dima-glz.ch.
2. Verdingkinder waren Kinder, die den Eltern von den Behörden weggenommen und fremdplatziert wurden. Meist wurden sie in Bauernfamilien untergebracht und mussten dort harte Arbeit leisten, ohne Lohn oder Taschengeld zu bekommen. Ausbeutung und Missbrauch waren keine Seltenheit. Diese Praxis wurde in der Schweiz bis in die 1970er-Jahre beibehalten.
3. Gehörlose, die sich öffentlich in Gebärdensprache unterhalten, müssen damit leben, dass sie auffallen. Und sie können nie sicher sein, ob sie gerade das Gesprächsthema der anderen sind – für Hörende ein unvorstellbares Gefühl.

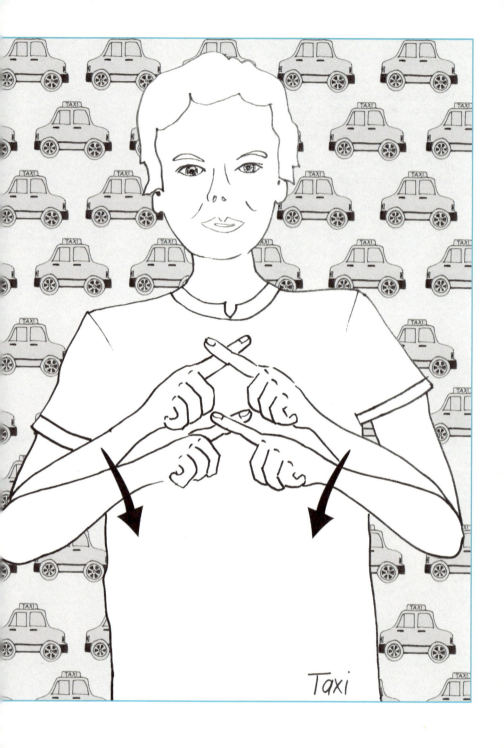

*Was bedeuten die Begriffe »gehörlos«, »taub« und »schwerhörig«?*

Die Definition des Begriffes »gehörlos« hängt von der Perspektive ab: Aus medizinischer Sicht ist er mit »taub« gleichzusetzen und bezieht sich auf ein höchst eingeschränktes Resthörvermögen von über 90 Dezibel; das bedeutet, Menschen mit einem solchen Hörverlust können im besten Fall noch Geräusche verursacht etwa durch einen schweren Lastwagen oder einen Presslufthammer wahrnehmen. Aus der Sicht der Gehörlosengemeinschaft hingegen definiert der Begriff »gehörlos« weniger den Grad des Hörvermögens einer Person als vielmehr deren Zugehörigkeit zu einer eigenen Kultur- und Sprachgemeinschaft: Er erhält somit auch eine soziale Bedeutung. Gehörlose Menschen bedienen sich lieber der Gebärdensprache als der Lautsprache, und sie verstehen sich, obwohl es weltweit unzählige verschiedene Gebärdensprachen gibt, als Angehörige einer länderübergreifenden Gehörlosengemeinschaft. In der Schweiz leben etwa 8000 Gehörlose, in Deutschland sind es etwa 80 000, in Österreich etwa 10 000 – genaue Zahlen gibt es nicht. Aufgrund der visuellen Orientierung unterscheiden sich viele ihrer Umgangsformen und Traditionen klar von denjenigen der hörenden Gesellschaft. Der amerikanische Autor und Psychologe Andrew Solomon drückt es in seinem Buch *Far from the Tree* so aus: »Die Mehrheitsgesellschaft ist der Meinung, dass taube Kinder in erster Linie Kinder sind, denen etwas *fehlt:* Es *fehlt* ihnen das Gehör. Die Gemeinschaft der Gehörlosen ist der Meinung, dass sie etwas *besitzen:* Sie *besitzen* die Mitgliedschaft in einer wundervollen Kultur.«[1]

Der Begriff »taub« impliziert denselben Grad von Hörverlust wie »gehörlos«, aber ohne etwas über die Zugehörigkeit zu einer bestimmten Kultur- und Sprachgemeinschaft zu sagen. Schwerhörige Menschen hingegen sind in ihrer Kommunikation akustisch orientiert, das heißt, sie kommunizieren in Lautsprache und bewegen sich kulturell vor allem in der Gesellschaft der Hörenden.

Ein Hörratgeber definiert die verschiedenen Grade von Hörverlust folgendermaßen: »Der Hörverlust für verschiedene Tonhöhen wird in Dezibel (dB) gemessen. Normalerweise benutzt man dazu 5-dB-Schritte auf einem Audiometer[2]. Der Pegel des leisesten Tons, den eine bestimmte Person hören kann, wird als Hörschwelle bezeichnet. Diese Hörschwelle wird meistens relativ zur Hörschwelle Normalhörender angegeben und ist gewöhnlich für verschiedene Frequenzen unterschiedlich. […]

- Normal hörend (Hörschwelle bei 0 dB bis 20 dB)
- Geringgradige Schwerhörigkeit (Hörschwelle bei 20 dB bis 40 dB)
- Mittelgradige Schwerhörigkeit (Hörschwelle bei 40 dB bis 55 dB)
- Hochgradige Schwerhörigkeit (Hörschwelle bei 55 dB bis 70 dB)
- Höchstgradige Schwerhörigkeit (Hörschwelle bei 70 dB bis 90 dB)
- Taub oder an Taubheit grenzend (Hörschwelle über 90 dB)

Die Hörschwellenwerte einer Person können sich für verschiedene Frequenzen (Tonhöhen) sehr stark unterscheiden.«[3] Bleibt noch zu klären, was denn diese Dezibelwerte auf Alltagssituationen übertragen bedeuten. Aufschluss gibt eine Lärmtabelle[4]:

- 0 bis 10 dB    fast unhörbar (raschelndes Blatt)
- 20 dB    kaum hörbar (tickende Uhr)
- 30 dB    sehr leise (feiner Regen)
- 40 dB    leise (Aufenthalt im Wohnzimmer)
- 50 dB    eher leise (normales Gespräch)
- 60 dB    mäßig laut (Büro)
- 70 dB    laut (lautes Gespräch in einem Meter Abstand, durchschnittlicher Straßenverkehr)
- 80 dB    sehr laut (laute Musik)
- 90 dB    sehr laut (laute Fabrikhalle, schwerer Lastwagen)
- 100 dB    sehr laut bis unerträglich (Presslufthammer)
- 110 dB    unerträglich (Kesselschmiede, Disco, Popkonzert)
- 120 dB    unerträglich (Düsenflugzeug in 50 Meter Abstand)
- 130 dB    Schmerzschwelle

### Anmerkungen

1 Andrew Solomon, *Far from the Tree*, New York 2012, S. 100 (Übersetzung J. K.).
2 Gerät zum Messen der Hörfähigkeit.
3 www.hearcom.eu › HörRatgeber › Glossar › Hörverlustgrade (Abfrage 28.3.2014). Die Angaben zu den Hörschwellen selbst variieren übrigens ebenfalls, je nach zitierter Quelle!
4 Lärmfibel der Wiener Umweltschutzabteilung, MA22, Magistrat der Stadt Wien, www.medizinpopulaer.at/fileadmin/PDFs/047_Laermtabelle.pdf (Abfrage 28.3.2014).

# Ueli Matter

*geboren 1967*

Ueli Matter ist viel unterwegs. Er fährt für sein
Leben gern kreuz und quer durch fremde Kontinente,
aber auch durch die Straßen von Bern, wo er seit
achtzehn Jahren als selbständiger Taxifahrer
arbeitet. Mit Autos kennt er sich aus, denn er
absolvierte eine vierjährige Lehre als Automechaniker.
Voraussetzung für die anspruchsvolle Lehre
war eine breite Schulbildung, die sich Ueli Matter in
den elf Jahren in der Sprachheilschule
Münchenbuchsee, heute Pädagogisches Zentrum
für Hören und Sprache, erwarb. Schon als
Fünfjähriger wurde er dort intern im Kindergarten
untergebracht. Die Fahrten im Auto von
Bern nach Münchenbuchsee und zurück gehören
zu den wenigen Erinnerungen an seinen früh
verstorbenen Vater Mani Matter.

*Ueli Matter ist ein Weltenbummler. Eben ist er von einer Reise kreuz und quer durch Südamerika zurückgekehrt. Die Koffer sind ausgepackt, die Waschmaschine läuft auf Hochtouren, Tausende Fotos warten darauf, gesichtet, geordnet und bearbeitet zu werden. Vor zwei Monaten flog er nach Rio de Janeiro – Stadtbesichtigung – Weiterflug nach Buenos Aires. Dort holte er sein künftiges »Zuhause« ab: einen gemieteten Ford Ranger Pickup mit Wohnkabine – einen tadellosen Camper mit Vierradantrieb wegen der zum Teil sehr schlechten Straßen, auf dem Anzeiger erst 5500 Kilometer, also praktisch neu, was Ueli Matter manchmal fast ein wenig peinlich war, da er damit auffiel zwischen all den rostigen Autos. Der Camper rollte so ruhig und wendig wie ein Personenwagen. Sehr angenehm.*

*Im Camper trug Ueli Matter das Hörgerät nie. Die Ruhe erhöhte das Gefühl der Geborgenheit und Eigenständigkeit in seinem kleinen Reich.*

Autos sind aus Ueli Matters Leben nicht wegzudenken. Schon als kleiner Bub baute er hingebungsvoll und unermüdlich Lego-Autos jeglicher Art, bis hin zum Vierradantrieb, einfach alles auf Rädern, und es funktionierte! Damals mussten die Motörchen von Grund auf selber entwickelt werden – es gab noch keine fertigen Bausätze wie heute. Einzige Voraussetzung war eine riesige Zahl und Auswahl an Bausteinen und, natürlich, die nötige Fertigkeit! Ueli spielte immer allein; dabei konnte er alles um sich herum vergessen und musste mit niemandem sprechen. Das genoss er, denn das Sprechen war für ihn mit Anstrengung verbunden.

Seit seiner Geburt oder, genauer gesagt, wegen seiner Geburt ist Ueli Matter hochgradig schwerhörig: Er wurde drei Monate zu früh geboren, als jüngstes von drei Kindern. Die beiden Schwestern sind zwei beziehungsweise drei Jahre älter. An ihren Gesprächen konnte er lange nicht teilhaben, da er erst sehr spät sprechen und verstehen lernte. Als Fünfjähriger drückte er sich immer noch in Einzelwörtern aus: Mama, Papa, Auto, Bahn; und bis er zu Hause von seinen Erlebnissen in der Schule berichten konnte, würde es weitere Jahre dauern. Er fand aber einen anderen, ganz persönlichen Weg, um zu erklären, was ihn beschäftigte und was er erlebt hatte: Er zeichnete, immer wieder und sehr gut. Als Zwölfjähriger gewann er einen Wettbewerb der Gemeinde Münchenbuchsee für die Titelblattgestaltung des Jubiläumskalenders 1980. Trotzdem, den Mangel an Kommunikation konnte er mit Zeichnen nicht ausgleichen. Oft fühlte er sich einsam und isoliert, besonders wenn er vor dem Einschlafen in seinem Bett lag, allein im Zimmer, während die Schwestern in ihrem Kajütenbett vergnügt miteinander plauderten, die ältere, Sibyl, von oben herab, die jüngere, Meret, von unten hinauf.

Uelis Hörbehinderung wurde schon in seinem ersten Lebensjahr entdeckt – er war erst acht Monate alt. Sofort wurden therapeutische Maßnahmen (▶ 12) eingeleitet, damit er so rasch als möglich sprechen lerne, denn der Spracherwerb ist für ein hochgradig schwerhöriges Kind sogar unter den besten Bedingungen ein mühsamer und zeitaufwendiger Prozess. Ueli Matter erinnert sich, wie er als kleiner Bub die Laute vor dem Spiegel üben musste, indem er die Bewegungen der Lippen und die Stellung der Zunge kontrollierte (▶ 1). Das Hörgerät habe ihm beim Sprechenlernen geholfen, sagt er, da er sich selber damit ein wenig hören könne. Er ist also ganz froh darum, aber manchmal legt er es auch ab und genießt die Stille.

*Im Camper trug Ueli Matter das Hörgerät nie. Die Ruhe erhöhte das Gefühl der Geborgenheit und Eigenständigkeit in seinem kleinen Reich. Gestartet war er in Buenos Aires. Zuerst fuhr er zum Delta des Río Paraná, das von Inseln gespickt ist, und von dort nach Montevideo in Uruguay, wo er die Oldtimer in den Straßen bestaunte. Dann weiter zum Nationalpark El Palmar, der, wie der Name verrät, ein Palmenparadies ist und 1966 eingerichtet worden war, um die Yatay-Palmen zu schützen. Weiter nach Mercedes – welch schöner Name! – zu den unzähligen Wasserfällen von Puerto Iguazú und zum Staudamm in Yacy-*

retá, wo sich eines der größten Wasserkraftwerke der Welt befindet. In Salta, im Nordwesten Argentiniens, schließlich stand der 10 000-Kilometer-Autoservice an, den Ueli Matter, obwohl er gelernter Automechaniker ist, nicht selber vornehmen durfte. Doch bis Ueli Matter die Ausbildung zum Automechaniker abschließen konnte, war es ein langer Weg. Den Anfang machte der Kindergarten der Sprachheilschule Münchenbuchsee im Kanton Bern, heute Pädagogisches Zentrum für Hören und Sprache. Dort wurde er als fünfjähriger Bub intern untergebracht. Sein Vater, der Schweizer Liedermacher Mani Matter, fuhr ihn jeweils hin und holte ihn am Samstag wieder heim – das ist eine der wenigen Erinnerungen an den früh verstorbenen Papa, die ihm geblieben sind. Von der fünften Klasse an pendelte Ueli. Zuerst war er glücklich, zu Hause wohnen zu dürfen, aber mit der Zeit strengte ihn das Hin- und Herfahren so sehr an, dass er in der achten Klasse freiwillig wieder eine interne Lösung wünschte. Außerdem konnte er, wenn er im Internat wohnte, viel mehr Zeit mit seinen Kameraden verbringen.

Insgesamt ging er elf Jahre in Münchenbuchsee zur Schule, davon die obligatorischen neun in der Abteilung für Hörgeschädigte und danach zwei weitere Jahre in der Sprachheilabteilung für hörende Kinder, die Schwierigkeiten beim Erlernen der mündlichen und/oder der schriftlichen Sprache haben. Damit wollte er seine Voraussetzungen verbessern, bevor er sich an die Lehrstellensuche wagen würde.

Welche Art von Lehre er machen wollte, war Ueli Matter immer klar: Sie musste mit Maschinen zu tun haben. Er schwankte höchstens noch zwischen Landmaschinen- und Automechaniker. Deshalb schnupperte er ausgiebig in beiden Bereichen, bevor er sich für eine Stelle als Landmaschinenmechaniker entschied, realisierte aber schon nach zwei Wochen, dass er dort nicht auf seine Rechnung kommen würde. Zum Glück konnte er den Lehrvertrag gerade noch rechtzeitig annullieren. Also ging die Suche weiter. Es war eine schwierige Zeit, denn er musste mit Vorurteilen und Absagen fertigwerden: »Du bist schwerhörig? Nein danke, das können wir uns nicht vorstellen!«, hörte er mehrmals. Ebenfalls hart traf ihn die Nachricht, dass er die Aufnahmeprüfung bei der VW-Werkstatt AMAG nicht geschafft hatte, denn diese Firma genoss einen ausgezeichneten Ruf und er wäre sehr gern dort untergekommen. Aber schließlich fand er doch noch eine gute Lehrstelle, und zwar in einer Autowerkstatt gleich um die Ecke, wo seine Familie wohnte. Ein Bekannter der Mutter und Kunde dieser Garage hatte ihr den Tipp gegeben, sie solle doch dort fragen, ob Ueli eine Schnupperlehre machen dürfe. Gesagt, getan, und mit Erfolg: Er erhielt eine Chance, arbeitete fleißig und wurde schon nach einer Woche eingestellt. Neben der praktischen Ausbildung in der Werkstatt besuchte er eineinhalb Tage pro Woche die Berufsschule für Hörgeschädigte in Zürich Oerlikon. Davon verbrachte er einen Tag im normalen Schulbetrieb, wo allgemeinbildende Fächer und Grundlagenfächer für Mechaniker unterrichtet wurden, und einen halben Tag zusammen mit einem einzigen anderen Lehrling bei einem Lehrer, der die beiden in Theorie und Praxis in die Geheimnisse der Automotoren einführte. Mit 21 und nach vier Jahren Ausbildung schloss Ueli seine Berufslehre als Automechaniker ab. Übernachten konnte er in all der Zeit jeweils bei dem Kabarettisten und Schriftsteller Franz Hohler, einem guten Freund der Eltern, der mit seiner Familie in Oerlikon lebte.

*Kleinere Reparaturen an »seinem« Camper hätte Ueli Matter also unter Umständen ganz gut selber vornehmen können. Das war aber nicht nötig: Fast 20 000 Kilometer legte er zurück ohne das geringste Problem! Auf seiner ersten Reise hingegen, zehn Jahre zuvor, einer fünfmonatigen Tour entlang der nordamerikanischen Westküste nach Alaska und weiter nach Ka-*

*Es war eine schwierige Zeit, denn er musste mit Vorurteilen und Absagen fertigwerden: »Du bist schwerhörig? Nein danke, das können wir uns nicht vorstellen!«, hörte er mehrmals.*

*nada, war nicht alles ganz reibungslos abgelaufen: Damals hatte er einen Van gemietet, in dem er fahren und wohnen konnte und in dem er sich wohlfühlte – wenn es darin nur nicht so warm geworden wäre: Die Klimaanlage war nämlich explodiert, nachdem ein Stein auf die Karosserie geprallt war und die Ölzufuhr unterbrochen hatte, sodass der Kompressor trocken lief und schließlich barst. Diesen Schaden konnte Ueli Matter nicht beheben, weshalb er nun, wenn die Sonne brannte, mit heruntergedrehten Fenstern fahren musste. Aber abgesehen davon war diese erste Reise ebenfalls ein schönes Erlebnis gewesen.*

*In Südamerika ging es von Salta aus weiter entlang der Zugstrecke Tren a las Nubes, der die Passagiere bis zu den Wolken (»nubes«) führt, nämlich bis auf eine Höhe von über 4000 Metern; zum Parque Nacional Los Cardones mit seinen Kandelaberkakteen, die bis zu dreihundert Jahre alt werden können; zum wunderschönen Dorf Cachi und weiter zur Quebrada de Humahuaca, einer Schlucht nahe des Cerro de los Siete Colores, des Berges der sieben Farben; dann nach La Quiaca, das bereits an der Grenze zu Bolivien liegt, und via Salinas Grandes, wo es einen Salzsee zu bestaunen gab, nach San Miguel de Tucumán. Dort, in der Casa Independencia, wurde 1816 die Unabhängigkeit Argentiniens von Spanien besiegelt.*

Unabhängigkeit – ein Wort, das gut zu Ueli Matter passt. Als Mensch mit einer Hörbehinderung ist er in der Gesellschaft der Hörenden oft auf sich selbst gestellt. Er sagt: »Die Welt der Hörenden und die Welt der Menschen mit einer Hörbehinderung unterscheiden sich grundsätzlich. Sogar der Sinn für Humor und das Verständnis von Witzen sind verschieden.«

Immer wieder musste er sich damit auseinandersetzen, dass er nicht dazu*gehörte*. Sogar in der Abteilung für Hörgeschädigte der Sprachheilschule Münchenbuchsee fühlte er sich manchmal an den Rand gedrängt. Im Unterricht meldete er sich wenig und in den Pausen beziehungsweise in der Freizeit mischte er sich lieber unter die hörenden Kinder

der Sprachheilabteilung. Mit ihnen war ihm wohler und fiel ihm das Kommunizieren viel leichter als mit seinen hörbehinderten Klassenkameradinnen und -kameraden.

Am Samstagnachmittag ging er jeweils in die »Pfadi«, also zu den Pfadfindern. Dort gefiel es ihm allerdings nie so recht. Die Kommunikation war schwierig, und er hatte das Gefühl, er passe nicht dazu. Trotzdem harrte er drei Jahre aus, bis er genug hatte und austrat.

*Ob Ueli Matter manchmal auf seiner Reise an das Pfadfinderleben, das Schlafen in freier Natur und Kochen am offenen Feuer, erinnert wurde? Ja, ein bisschen schon, wenn er hin und wieder wild campierte, obschon das Leben im Camper gar nicht primitiv war. In der Wohnkabine des Fords befand sich nämlich eine gut eingerichtete Kochnische, wo er immer selber kochte.*

Daran ist Ueli Matter gewöhnt. Er lebt allein, nicht weit vom Zentrum von Bern entfernt, in einer schönen Wohnung, die ihm seine ältere Schwester verschafft hat. Sie wohnte schon vor seinem Einzug vor zwölf Jahren in diesem Haus, und als darin etwas frei wurde, fragte sie sogleich für ihn an, und er bekam den Zuschlag. Zwei Jahre lang lebten die beiden nebeneinander – eine schöne Zeit, denn sie sahen sich oft. Dann trennten sich ihre Wege: Die Schwester zog in eine Eigentumswohnung, während er etwa zur selben Zeit seine erste lange Reise antrat.

*Von San Miguel de Tucumán fuhr Ueli Matter weiter nach Chilecito, wo Anfang des 20. Jahrhunderts eine spektakuläre, fast 35 Kilometer lange Materialseilbahn gebaut wurde (für Transportkübel, unterteilt in acht Sektionen, mit Steigungen von bis zu 45 Grad und einem Höhenunterschied von 3528 Metern, in Betrieb während rund zwanzig Jahren); danach zum Naturreservat Parque Nacional Ischigualasto, auch Valle de la Luna, Mondtal, genannt; via Difunta Correa, einen Wallfahrtsort, zur Stadt Córdoba, wo sich der zum UNESCO-Welt-*

*»Die Welt der Hörenden und die Welt der Menschen mit einer Hörbehinderung unterscheiden sich grundsätzlich. Sogar der Sinn für Humor und das Verständnis von Witzen sind verschieden.«*

kulturerbe gehörende Häuserblock Manzana de los Jesuitas befindet mit der ältesten noch erhaltenen Kirche und der ersten Universität Argentiniens.

Hochgradig Schwerhörige, die einen Universitätsabschluss erreichen, sind immer noch die ganz große Ausnahme. Da sie die Lautsprache wie eine Fremdsprache lernen müssen, ist ihre Lautsprachkompetenz und somit auch ihre Beherrschung der Schriftsprache in der Regel beeinträchtigt. Sprache und Bildung lassen sich jedoch nicht voneinander trennen, deshalb führt das Sprachdefizit zwangsläufig zu eingeschränkten Bildungschancen (▶ 4). Ueli Matter sagt: »Fächer wie Physik und Chemie sollten immer mit der Unterstützung der Gebärdensprache unterrichtet werden. Anders funktioniert das überhaupt nicht.« (▶ 14) Er musste jedoch ohne sie auskommen, denn damals war ihr Einsatz bei der Schulung von Kindern mit einer Hörbehinderung in der Schweiz verboten (▶ 25). Wenn die Kinder im Unterricht gebärdeten, wurden sie bestraft. Nur in den Pausen und in der Freizeit eignete sich Ueli Matter einige Gebärdenkenntnisse an, die er dann daheim an seine Mutter und die Schwestern weitergab. Heute spricht er allerdings mit seiner Familie ausschließlich in Lautsprache. Auch sonst liegt ihm diese näher als die Gebärdensprache: im Umgang mit seinen Taxikunden, im Alltag, bei unserem Interview. Wenn er sich jedoch mit gehörlosen Menschen unterhält, tut er das in Gebärdensprache. »Und«, sagt er, »praktisch ist sie im Kino: Gehörlose Menschen können sich locker miteinander unterhalten, ohne die anderen Leute im Saal zu stören und ohne dass diese etwas verstehen. Das ist gäbig[1], nicht wahr?« Doch Ueli Matter hat wenig Gelegenheit zu gebärden, da sein Freundeskreis mehrheitlich aus Hörenden besteht – zufällig übrigens: »Ob ich mit jemandem eine Freundschaft eingehe, hängt von seiner Persönlichkeit ab und nicht von seinem Gehör«, sagt er. Er gehört auch keinem Gehörlosenverein mehr an. Seine Mit-

»Ob ich mit jemandem eine Freundschaft eingehe, hängt von seiner Persönlichkeit ab und nicht von seinem Gehör.«

gliedschaft im Gehörlosensportclub Bern kündigte er vor zehn Jahren, als er begann, in alle Welt zu reisen.

*Weiter ging die Fahrt durch das Dinosauriertal in der Provinz Neuquén mit den versteinerten Fußabdrücken der prähistorischen Giganten und auf der berühmten, streckenweise aber sehr schlechten Ruta de los Siete Lagos mit ihrer spektakulären Aussicht auf Seen und Berge zum Parque Nacional Lanín und nach Los Antiguos an der Grenze zu Chile. Auf solchen Schotterpisten war Ueli Matter froh um den Vierradantrieb seines Campers – seinem Taxi hätte er diese Verhältnisse nicht zumuten mögen.*

Seit achtzehn Jahren ist Ueli Matter selbständiger Taxichauffeur. Zuvor, nach dem Abschluss der Lehre, arbeitete er zuerst drei Monate als Lastwagenmechaniker, danach vier Jahre in einer Vorortsgemeinde von Bern als Automechaniker und anschließend drei Jahre als Taxifahrer, angestellt bei einer Berner Taxifirma. Während dieser Zeit begann er eine berufsbegleitende Weiterbildung an der gewerblich-industriellen Berufsschule in Bern als Automobildiagnostiker. Dieser Beruf beinhaltet das Diagnostizieren der Probleme eines Autos, das Aufgleisen der Reparatur und die Vergabe der Aufträge, das Einteilen der Arbeit in der Werkstatt, aber auch ein gutes Verständnis von Elektronik und Informatik, sozusagen das »case management« in der Garage. Ueli Matter war fasziniert – und trotzdem brach er diese Zusatzausbildung nach sechs Monaten ab. Wieso sollte er seine Wochenenden und Abende opfern, um den anspruchsvollen Stoff zu büffeln? Er bekäme doch ohnehin nie eine Stelle, nicht einmal, wenn er die Prüfung bestehen sollte, da war er sich sicher! Wer würde schon einen hörbehinderten Automobildiagnostiker beschäftigen? Also ließ er es gar nicht erst darauf ankommen. Schade allerdings!

 1995 machte er sich selbständig. Er kaufte sich ein Taxi und fährt seither auf eigene Rechnung. Die Arbeit ist abwechslungsreich: Taxifahren, Kundenkontakt, Autowarten, Buchhaltung. Zum Glück hat er keine Hemmungen, Lautsprache zu sprechen. Er sagt einfach immer gleich zu jedem neuen Fahrgast: »Ich höre nicht gut.« Dann lässt er sich die Adresse geben, dafür reicht sein Hörverständnis, und tippt sie ins Navigationsgerät ein. Los geht's. Natürlich ist es auch schon vorgekommen, dass er die Adresse missverstanden und den Kunden an ein falsches Ziel gebracht hat. Er erinnert sich: »Ich fragte den Kunden, warum er mich denn nicht darauf aufmerksam gemacht habe, als er bemerkte, dass ich in die falsche Richtung losfuhr, worauf dieser antwortete, na, wie hätte er es denn merken sollen, er komme doch von auswärts.« Halb so schlimm, Ueli Matter schaltete die Uhr aus, machte rechtsumkehrt und fuhr zurück. Bern ist ja nicht Buenos Aires. Seither vergewissert er sich immer mit einer Rückfrage, ob er die Adresse auch wirklich richtig verstanden hat.

*Auch auf seinen Reisen muss Ueli Matter immer wieder mit den Menschen kommunizieren: beim Einkaufen, in Museen, auf Stadtbesichtigungen. Das schafft er gut, obwohl er, wie er selber sagt, seine in der Schule erworbenen Fremdsprachkenntnisse wieder vollständig vergessen habe. Aber ein wenig Englisch war eben doch hängen geblieben, und er kann sich ja auch mithilfe der Hände und der Mimik verständlich machen.*
Ueli Matter war schon fünfzehnjährig, als er seinen ersten Fremdsprachunterricht erhielt, nämlich als er die achte und neunte Klasse bei den Hörenden der Sprachheilabteilung wiederholte. Dort besuchte er zwei Jahre den obligatorischen Französisch- und den fakultativen Englischunterricht. In der Berufsschule nahm er diese Fächer in der dritten und vierten Klasse wieder auf und ging zusätzlich ein Jahr lang in den Spanischunterricht. Die Fremdsprachen machten ihm Freude, aber gleichzeitig empfand er

das Lernen als große Anstrengung. Wen wundert's bei seiner hochgradigen Schwerhörigkeit?

*Unterdessen war Ueli Matter bei den Gletschern im Parque Nacional Los Glaciares ganz im Süden von Argentinien angekommen und beim Glaciar Grey, dem Gletscher im Westen des chilenischen Parque Nacional Torres del Paine. Es sind überwältigend schöne Naturwunder, die er natürlich auf unzähligen Fotos festhielt.*

Ueli Matter ist ein passionierter Fotograf, übrigens wie viele Menschen mit einer Hörbehinderung. Das überrascht nicht, denn sie verfügen über eine speziell ausgeprägte Beobachtungsgabe (▶ 35). Aber nicht nur mit dem Sehen, sondern auch mit dem Tastsinn kompensieren sie das beeinträchtigte Gehör. Musik zum Beispiel nehmen sie hauptsächlich über den Rhythmus und die Vibrationen wahr. Fehlen diese, wie das bei Liedern der Fall ist, die ohne Verstärker und nur von Gitarre begleitet vorgetragen werden, dann sagt ihnen die Musik nichts. Ueli Matter kann also die wunderbaren Chansons seines Vaters Mani Matter nicht verstehen, wenn sie am Radio ausgestrahlt werden, denn dafür hört er zu wenig. Er kann sie auch nicht selber singen, aber wenn er sie liest, dann berühren sie ihn sehr. »Die Texte sind genial«, meint er, »in wenigen Worten drücken sie wichtige Zusammenhänge aus und bringen das Wesentliche auf den Punkt.« Er ist stolz auf seinen Vater, nur leider hat er ihn viel zu früh verloren. Er war ja erst fünfjährig. Deshalb hat er auch nur ganz wenige Erinnerungen an ihn: zum Beispiel an das Reiten auf seinen Schultern. Ueli liebte das! Und, wie schon erwähnt, es war Mani Matter, der ihn jeweils am Samstag vom Kindergarten abholte. Nur eben, da war dann jener unheilvolle Samstag, als nicht der Vater im Familienauto vorfuhr, sondern eine Freundin der Familie in ihrem Auto, während die Mutter auf dem Beifah-

*Ueli Matter kann also die wunderbaren Chansons seines Vaters Mani Matter nicht verstehen, wenn sie am Radio ausgestrahlt werden, denn dafür hört er zu wenig. Er kann sie auch nicht selber singen, aber wenn er sie liest, dann berühren sie ihn sehr.*

rersitz saß. Seltsam. Wo war der Vater geblieben? Der kleine Ueli stieg ein und spürte sofort, dass irgendetwas nicht stimmte. Es herrschte eine bedrückende Stille. Aber warum? Er konnte seine Gefühle nicht einordnen. Und er konnte nicht fragen, denn er sprach ja noch kaum. Wie sollte ihm die Mutter erklären, was geschehen war – ohne Worte? Erst als sie den Unfall mit seinen Modellautos nachstellte, ahnte er: Autos – ineinander geprallt – kaputt. Immer und immer wieder zeichnete er den Unfall, aber dass sein Vater nie mehr nach Hause kommen würde, verstand er noch lange Zeit nicht.

Nicht hören, nicht verstehen, ein Unfall – alles ist enthalten in Mani Matters Chanson »dr alpeflug«[2]:

s'sy zwee fründen im ne sportflugzüg
en alpeflug ga mache
flügen ufe zu de gipfle und
z'dürab de gletscher nache
hinde sitzt dr passagier
dä wo stüüret, dä sitzt vor
und es ratteret und brummet
um sen ume dr motor

da rüeft dä, wo hinde sitzt:
lue, ds bänzin geit us, muesch lande!
wie? was seisch? rüeft dr pilot
los, i ha di nid verstande
wie? was hesch gseit? rüeft dä hinde
warum landisch nid sofort?
red doch lüter, rüeft dä vorne
bi däm krach ghör i kes wort

i versta's nid, rüeft dä hinde
warum machsch's nid? bisch drgäge?
i versta's nid, rüeft dä vorne
muesch mer's würklech lüter säge!
wie? was seisch? rüeft dise, lue
dr tank isch läär, du flügsch nümm wyt!
los, bi däm mordstonnerslärme
rüeft dä vorne, ghör i nüt

aber los doch, rüeft dä hinde
gottfridstutz mir hei nid d'weli
tue nid ufgregt, rüeft dä vorne
red doch lüter, gottverteli!
los, rüeft dise, we mir jitz nid lande
gheie mir i ds tal!
ghöre gäng no nüt, rüeft äine
los begryf doch das emal!

so het im motorelärme
dr pilot halt nid verstande
dass ihm jitz ds bänzin chönnt usga
und dass är sofort sött lande
da uf ds mal wird's plötzlech still
nämlech wil ds bänzin usgeit
und jitz wo me's hätt verstande
hei si beidi nüt meh gseit

*Wie sollte ihm die Mutter erklären, was geschehen war – ohne Worte? Erst als sie den Unfall mit seinen Modellautos nachstellte, ahnte er: Autos – ineinander geprallt – kaputt.*

*Im Süden des Kontinents konnte Ueli Matter viele herrliche Gletscher bestaunen, ganz ohne Alpen- beziehungsweise Andenflug. Und weiter ging's nach Ushuaia, wo sein treuer Camper für den 20 000-Kilometer-Service in der Garage blieb, während er sich zusammen mit anderen Touristen auf dem Beagle-Kanal, der einzigen natürlichen Wasserstraße, die den Atlantik mit dem Pazifik verbindet, auf eine Bootsfahrt begab, um Pinguine zu beobachten. Und weiter nach Puerto Santa*

Cruz und Jaramillo, das für seinen Bosque Petrificado, einen versteinerten Wald, bekannt ist; dann via Puerto Madryn zur Halbinsel Valdés, wo eine weitere Bootsfahrt auf dem Programm stand: zu Pinguinen, Walen und Seeelefanten. Von den vielen wunderbaren Eindrücken erzählte er seinen Bekannten und der Mutter zu Hause von Zeit zu Zeit, wenn er in einem Hotel Zugang zum Internet hatte.

*Manchmal, wenn er ein Gespräch beginnt, liest er sogleich in der Mimik des hörenden Gesprächspartners: »Oje, ein Schwerhöriger! Wie soll ich mich mit dem bloß unterhalten?«*

Zur Mutter pflegt Ueli Matter eine enge Beziehung. Er besucht sie meist einmal die Woche. Eine bessere Mutter könne er sich nicht vorstellen, sagt er, sie sei die beste Mutter der Welt. Sie setzte sich immer für ihn ein und unterstützte ihn tatkräftig auf dem von ihm gewählten Weg, obwohl sie als Lehrerin, Politikerin und Hausfrau zeitlich sehr eingespannt war. Es war auch für sie manchmal schwierig gewesen zu sehen, wie er mit den Vorurteilen anderer zu kämpfen hatte, zum Beispiel als er auf der Suche nach einer Schnupperlehre allein wegen seiner Hörbehinderung Absagen einstecken musste. In solchen Situationen konnte sie richtig wütend werden.

Auch die beiden Schwestern, vor allem die ältere, stehen ihm nahe. Zum Glück wohnen sie alle drei, Mutter, Sibyl und Meret, ebenfalls in Bern.

*Nun ging es langsam wieder nordwärts: via Mar del Plata, das größte und bekannteste Seebad von Argentinien, zum Museo Fangio mit seinen über fünfzig unterschiedlichen Rennautos, älteren und neueren, alle echt – ein weiterer Höhepunkt der langen Reise.*

*An den Abenden im Camper hatte Ueli Matter immer viel zu tun: kochen und essen, Fotos auf den Laptop laden und sichten, Tagebuch schreiben und den kommenden Tag vorbereiten, die Route ganz genau überprüfen, im Reiseführer die Texte über die Sehenswürdigkeiten nachlesen. Auf die Frage, ob er manchmal auch Filme auf dem Laptop geschaut habe, antwortet er, nein, dafür sei die Zeit zu knapp und er zu müde gewesen.*

Ins Kino geht Ueli Matter nur noch selten. Er zieht es vor, Filme im Heimkino zu genießen. Mit DVDs fällt der Stress weg, der Handlung folgen und gleichzeitig die Untertitel lesen zu müssen: »Pause« drücken, den Untertitel in Ruhe lesen, »Play« drücken und genießen, »Pause«, lesen, »Play« ... Zum Glück sind mittlerweile auch viele Fernsehsendungen untertitelt (▶ 34). Wer allerdings auf die Untertitelung angewiesen ist, steht immer vor dem Dilemma: Lese ich lieber die Untertitel und verpasse einen großen Teil der Bilder oder will ich der Handlung folgen und die Untertitel nicht vollständig lesen? Außerdem geben die Untertitel meist nur eine Zusammenfassung wieder, und das ist irritierend. Ebenfalls mühsam sind die synchronisierten Filme, da bei ihnen die Bewegungen der Lippen und der Ton nicht übereinstimmen. Von den Lippen ablesen (▶ 24) ist also nicht möglich.

*Nach fast 20 000 Kilometern und zwei Monaten auf der Straße traf Ueli Matter schließlich wieder in Buenos Aires ein, wo noch ein letzter Höhepunkt auf ihn wartete: eine ausgiebige Stadtbesichtigung. Gut in Erinnerung geblieben sind ihm das im Kolonialstil gehaltene Viertel San Telmo, die bunten Wellblechhäuschen in La Boca, Galerien und Designerläden in Palermo und die berühmten alten Cafés. In Buenos Aires erlebte er natürlich auch viele Begegnungen mit den Menschen, und ihm fiel ihre Zurückhaltung, ja teilweise sogar Unfreundlichkeit auf. Ob wohl die Armut – selbst in einem relativ fortschrittlichen Land wie Argentinien weit verbreitet – daran schuld ist?*
Ueli Matter hat, wie jeder Mensch mit einer Hörbehinderung, lernen müssen, Verletzungen vonseiten der Hörenden hinzunehmen. Manchmal, wenn er ein Gespräch beginnt, liest er sogleich in der Mimik des hörenden Gesprächspartners: »Oje, ein Schwerhöriger! Wie soll ich mich mit dem bloß unterhalten? Das lasse ich lieber sein.« Natürlich, seine Artikulation und Intonation der Laut-

sprache sind anders als bei Hörenden, aber das ist ja eigentlich kein Grund, das Gespräch gleich wieder abzubrechen. Er spricht und versteht die Lautsprache gut, vorausgesetzt, einige Grundregeln werden beachtet: hochdeutsch sprechen, Blickkontakt aufnehmen, in normaler Lautstärke reden und so weiter (▶ 27). Es tut ihm weh, wenn er spürt, dass jemand denkt: »Hände weg vom Hörbehinderten. Der kann ja nicht einmal telefonieren!« – Was übrigens nicht stimmt: Ueli Matter kann telefonieren mit Leuten, die er kennt und die deutlich sprechen. Solchen Vorurteilen begegnete er früher, als Kind, viel weniger häufig. Kinder mit einer Hörbehinderung genießen wohl noch eine gewisse Narrenfreiheit, während von den Erwachsenen erwartet wird, dass sie in unserer Gesellschaft funktionieren wie ein Rädchen in einer Maschine.

Auf der langen Reise hatte Ueli Matter viel Zeit, sich Gedanken über Gesellschaft und Politik in Argentinien, aber auch in anderen Ländern zu machen: in Kuba zum Beispiel, wo er zwei Jahre zuvor gewesen war, dessen kommunistisches Regime überall spürbar war und wo die Menschen so freundlich auf ihn zugegangen waren (und wo ihn natürlich auch die Oldtimer in den Straßen faszinierten). Oder in den USA, wo ihm die Zunahme der Armut und ein Rechtsrutsch in der Gesellschaft aufgefallen waren, denn er hatte das Land nach seiner ersten Reise vor zehn Jahren noch ein zweites Mal bereist und dabei deutliche Veränderungen bemerkt. Dort hatte er aber auch eine – verglichen mit der Schweiz – viel größere Offenheit gegenüber Behinderten festgestellt. In Washington DC befindet sich zum Beispiel mit der Gallaudet University die erste Universität weltweit für gehörlose und schwerhörige Studierende (▶ 13).

Ueli Matter interessierte sich schon als Jugendlicher für Politik. Wurden am Familientisch politische Themen diskutiert, dann versuchte er mitzuhalten und hakte nach, wenn er etwas nicht verstanden hatte. Heute hat sein Interesse allerdings etwas nachgelassen, denn er ist ernüchtert und hat auch ein bisschen resigniert. Er sieht schlechte Zeiten auf die Schweiz zukommen: Der Stellenabbau, die Privatisierungstendenz, die Auslagerung von ganzen Branchen ins Ausland, der Lohndruck durch ausländische Arbeitskräfte, die Lohnschere, die immer weiter aufgeht, die zunehmende Armut – all diese Probleme beschäftigen ihn, und er schaut der Zukunft recht pessimistisch entgegen. Für die Jungen sehe er auf dem Arbeitsmarkt nur eine Chance, wenn sie eine gute Ausbildung haben, sagt er. Er sei froh, dass er schon 46 sei. Ihn würden diese Probleme nicht mehr betreffen. Aber es ist ihm natürlich auch bewusst, dass die Schweizerinnen und Schweizer in puncto Zukunftsängste verglichen mit Argentinien auf hohem Niveau klagen.

*Wurden am Familientisch politische Themen diskutiert, dann versuchte er mitzuhalten und hakte nach, wenn er etwas nicht verstanden hatte.*

*Seinen letzten Abend in Buenos Aires ließ sich Ueli Matter von solchen Problemen nicht trüben: Er kostete das Leben in der Stadt noch einmal richtig aus, sah den Tango tanzenden Menschen in den Gaststätten und auf den Plätzen zu und ließ es sich bei einer feinen Mahlzeit in einem renommierten Restaurant gut gehen, bevor er am nächsten Tag via Frankfurt zurück in die Schweiz flog.*

Anmerkungen

1   Schweizerdeutsch für »praktisch«.
2   Mani Matter, *Warum syt dir so truurig?*, Zürich 1973, S. 41.

# Lautsprach-begleitendes Gebärden (LBG)

Das Lautsprachbegleitende Gebärden (LBG) ist keine eigentliche Sprache. Die Wörter der Lautsprache, in unserem Fall Deutsch, werden eins zu eins mit Gebärden wiedergegeben, sozusagen als gebärdetes Deutsch. Da die deutsche Sprache jedoch Wörter enthält, die in der Gebärdensprache gar nicht vorkommen – entweder weil sie nicht benötigt werden (zum Beispiel die Artikel) oder weil ihre Bedeutung anders vermittelt wird (zum Beispiel gewisse Adverbien, deren Bedeutung durch Mimik und Körperhaltung ausgedrückt wird) –, mussten dafür extra Gebärden geschaffen werden. Ein Beispiel: Für den Satz »Ein Auto fährt schnell den Berg hinauf« benötigt die Deutschschweizer Gebärdensprache genau zwei Gebärden (AUTO und FAHREN-HINAUF), im LBG hingegen wird jedes Wort mit einer Gebärde begleitet. Dem LBG liegt keine eigene Grammatik zugrunde, sondern es folgt der Struktur der Lautsprache. Das LBG kann zum Beispiel im Deutschunterricht eingesetzt werden, um die deutsche Grammatik verständlich zu machen.

Nichtkenner der Gebärdensprache, die jemand beim Lautsprachbegleitenden Gebärden beobachten, verwechseln es gern mit der Gebärdensprache und unterliegen dann dem Irrtum, man müsse eigentlich nur die den Wörtern entsprechenden Gebärden lernen, und schon beherrsche man die Sprache. So tauchte erst kürzlich auf Facebook ein Film auf, der Interessierten das Vaterunser vermeintlich in Gebärdensprache näherbringen sollte. Es sei ganz einfach, dem Inhalt zu folgen, weil der Text präzis, Wort für Wort, in Gebärden übersetzt werde, hieß es im Kommentar. Aber dabei handelte es sich eben gar nicht um Gebärdensprache, sondern um LBG. Das Vaterunser in Gebärdensprache wäre Nichtkennern wohl völlig fremd und unverständlich.

# *Pauline Rohrer*

*geboren 2001*

Pauline steht jeden Morgen um sechs Uhr an der
Haltestelle in Muri und wartet auf den Bus.
Ziel der gut einstündigen Reise: das Zentrum für
Gehör und Sprache (ZGSZ) in Zürich Wollishofen,
wo sie die erste Klasse der Oberstufe besucht. Pauline
träumt von einer Lehrstelle in der Werbebranche,
möchte aber auch nicht ausschließen, dass sie
auf ihrem späteren beruflichen Werdegang einmal
ihr außergewöhnliches Gebärdensprachtalent
umsetzen wird. So ist sie bereits mehrfach bei
FOCUSFIVE, dem Schweizer Gebärdensprach-Web-TV,
aufgetreten und sie hat Geschichten und Märchen
für eine Kinder-DVD gebärdet.

Pauline krault die Katze auf ihren Knien. »Stört das Schnurren nicht?«, fragt Paulines Mutter Silvia die Hörenden, die um den Tisch sitzen. »Schnurrt es denn?«, fragen sie. Sie lauschen. Stimmt, jetzt hören sie es auch. Auch? Nein, Silvia und Pauline hören es nicht. Sie sehen und spüren es und wissen aus Erfahrung: Das Schnurren ist ein Geräusch. Sie können jedoch nicht einschätzen, wie laut es tönt. »Vielleicht kann die Katze nur noch ganz leise schnurren, sie ist nämlich sehr alt, siebzehn Jahre schon«, meint Silvia. Pauline ist zum Zeitpunkt des Gesprächs zwölf. Ihre erste Gebärde war KATZE. Da war sie etwa elf Monate alt.

*Die Audiopädagogin sprach dem Baby Laute vor und versuchte es zur Nachahmung zu animieren. Ohne Hilfe der Gebärdensprache. Welch eine schwierige Aufgabe, wo Pauline doch nichts hören konnte!*

Pauline und ihr zehnjähriger Bruder Calvin sind gehörlos (▶ 15, 17), ebenso die Eltern Silvia und Viktor Rohrer, die sich in der Schweizer Badminton-Nationalmannschaft der Gehörlosen kennenlernten. Viktor ist Plattenleger und Silvia Hausfrau, früher arbeitete sie im Büro. Die Familie wohnt in Muri im Kanton Aargau im mittleren von drei ähnlichen Reihenhäuschen. Wird aber bei ihnen der Knopf an der Eingangstür gedrückt, dann schellt im Haus keine Glocke, sondern ein Blinken macht darauf aufmerksam, dass draußen jemand wartet. Und es steht keine Musikanlage im Wohnzimmer, kein Radio in der Küche, das Telefon hat einen Bildschirm.

Auch sonst unterscheidet sich die Familie Rohrer von ihren Nachbarn: Bei ihnen ist die Gebärdensprache (▶ 14) Familiensprache, nicht Deutsch. Sie ist die natürliche Muttersprache der Kinder. So hat sich Paulines Sprachentwicklung von Anfang an in der Gebärdensprache abgespielt. Wie hörende Kinder in Lauten und Lautfolgen brabbeln, brabbelte Pauline mit den Händchen (▶ 31). Nach ihrer ersten Gebärde mit einer festen Bedeutung, KATZE, kamen rasch mehr und mehr dazu: MAMA, PAPA, und Pauline gebärdete munter drauflos. Wie alt war sie denn, als sie erstmals richtige Gebärdensätze bildete? Eine schwierige Frage. Die Mutter antwortet, Pauline habe erst nach ihrer

Einschulung richtig sprechen gelernt, in ganzen Sätzen. Aber was meint sie mit »sprechen« und »Sätze« – in Gebärdensprache oder in Lautsprache? Und was ist denn ein richtiger, vollständiger Satz in Gebärdensprache? Ein Satz mit Artikel, Adjektiv, Nomen und Verb? Nein, denn das sind Begriffe aus der deutschen Grammatik. Ein Gebärdensatz ist vollständig und richtig, ohne einen Artikel zu enthalten, ja sogar oft auch ohne Adverb und Verb, denn er folgt einer anderen, der deutschen aber absolut ebenbürtigen Grammatik, und die beherrschte Pauline, als sie zwei bis drei Jahre alt war. Ihr Spracherwerb spielte sich also im selben zeitlichen Rahmen ab wie bei einem hörenden Kind. Eine unterstützende Therapie brauchte sie nicht. Die Audiopädagogin (▶ 2), die einmal die Woche mit Pauline zu arbeiten begann, als sie sechs Monate alt war, kam nicht, um den Spracherwerb zu unterstützen, sondern konzentrierte sich einzig auf das Artikulieren (▶ 1). Sie sprach dem Baby Laute vor und versuchte es zur Nachahmung zu animieren. Ohne Hilfe der Gebärdensprache. Welch eine schwierige Aufgabe, wo Pauline doch nichts hören konnte! Auch ihr erstes Hörgerät, das ihr damals angepasst wurde, trug vermutlich nicht viel zum Lernerfolg bei. Aber immerhin war es ein lustiges Spielzeug: Hörgerät raus aus dem Ohr, rein ins Ohr, raus, rein …

Pauline bezweifelt, ob jenes Hörgerät oder all die neuen Hörhilfen, die ihr seither immer wieder verordnet wurden, jemals eine Hilfe waren. Sprachliche Laute kann sie damit nicht unterscheiden, weder die eigenen noch diejenigen, die die anderen produzieren. Sie kann vielleicht ihren eigenen Namen erkennen, wenn er sehr laut gerufen wird, oder sie hört, wenn eine Türe zugeknallt wird. Aber was bringt das schon? Trotzdem muss sie das Hörgerät noch tragen, solange sie die Schule besucht, die Eltern bestehen darauf. Erst wenn sie eine Lehre macht, wird sie selber entscheiden dürfen, ob sie ganz ohne auskommen möchte.

Und ein Cochlea-Implantat (▶ 6) – kann sie sich vorstellen, sich eines einsetzen zu lassen? »Nie, niemals!« Paulines Antwort ist unmissverständlich. Sie ist in der Gemeinschaft der Gehörlosen daheim. Da sind ihre kulturellen Wurzeln. Die Gebärdensprache ist ihre Muttersprache. Also braucht sie für die natürliche Kommunikation keine Hörhilfe. Und für die (ohnehin anstrengende) Kommunikation in Lautsprache verlässt sie lieber auf das Lippenlesen (▶ 24). Für Pauline ist klar: »Ich bin am Hören nicht interessiert.«

Paulines Gehör wurde erstmals untersucht, als sie drei Monate alt war. Ihre Eltern hatten das Kind beobachtet und festgestellt, dass es auf laute Geräusche (▶ 36) nicht zu reagieren schien. Deshalb brachten sie es zum Kinderarzt, der den Verdacht bestätigte: Pauline war gehörlos.

Das war natürlich keine große Überraschung: Nicht nur ihre Eltern, sondern auch ein Bruder und eine Tante des Vaters sind gehörlos. Anders in der Familie der Mutter, wo alle außer ihr hören können. Für Pauline bedeutet das, dass sie mit den Großeltern und den meisten anderen Verwandten in Lautsprache, also in einer Fremdsprache, sprechen muss. Sie kann nicht frisch von der Leber weg erzählen, was sie erlebt hat und was sie bewegt. Gotte und Götti hingegen sind gehörlos, von ihnen trennt sie keine Sprachbarriere.

Gebärdensprache oder Lautsprache – die Entscheidung, in welcher Sprache sich die Kommunikation abspielt, beeinflusst jede von Paulines Beziehungen. Sie hat keine hörenden Freundinnen oder Freunde. Sie könnte ihnen nicht auf gleicher Ebene begegnen. Das letzte Mal, als das noch möglich war, liegt schon fast zehn Jahre zurück, als sie ein Kleinkind war und auf dem Spielplatz mit hörenden Mädchen und Buben herumtollte. Doch je älter die Kinder wurden, desto wichtiger wurde die Sprache, und Pauline fühlte sich immer mehr als Außenseiterin, bis sie nicht länger mit den anderen spielen mochte.

Als sie viereinhalb Jahre alt war, trat sie in eine Spielgruppe im Landenhof in Unterentfelden im Kanton Aargau ein (heute Zentrum und schweizerische Schule für Schwerhörige), wo sie auch den Kindergarten besuchte. Aber sie konnte sich dort nicht richtig entfalten. Vor allem im zweiten Kindergartenjahr langweilte sie sich, denn in ihrer Gruppe waren weniger gebärdende Kinder als im ersten Jahr. Sie verstand sich auch nicht so gut mit der Lehrperson – ob es damit zusammenhing, dass diese, hörend wie alle Erwachsenen im Landenhof, nicht wirklich gebärden konnte? Jedenfalls wechselte Pauline für die Einschulung, sie war nun sechseinhalb, in das Zentrum für Gehör und Sprache (ZGSZ) in Zürich Wollishofen. Dort spielt die Gebärdensprache traditionell eine für Schweizer Verhältnisse wichtige Rolle. Schon 1984 wurde das Lautsprachbegleitende Gebärden eingeführt, eine Art gebärdetes Deutsch, bei dem Gebärden eins zu eins zu den Wörtern ausgeführt werden. Im ZGSZ können alle Lehrkräfte gebärden, und die Gebärdensprache nimmt im Unterricht einen wichtigen Platz ein. Sie ist ein eigenes Fach, dient aber auch als Verständnishilfe in den anderen Fächern. So werden manche Stunden im Teamteaching unterrichtet, das heißt, die Fachlehrerin oder der Fachlehrer wird von einer gehörlosen Assistentin unterstützt, die die Inhalte zusätzlich in Gebärdensprache vermittelt. Außerdem gibt es das Fach »ProG«, in dessen Mittelpunkt die Kultur der Gehörlosen (▶ 21) steht. Aber abgesehen davon unterscheidet sich der Fächerkanon der ersten Oberstufe am ZGSZ nur wenig von demjenigen einer Zürcher Regelschule: etwa Berufskunde anstelle von Musik und die Fremdsprachen Deutsch und Englisch anstelle von Französisch und Englisch. Ja, Englisch für gehörlose Kinder, und zwar ab der fünften Klasse. In der Primarschule beinhaltet dieser Unterricht neben Lesen und Schreiben auch Sprechen, in der Oberstufe kommt die amerikanische Gebärdensprache (American Sign Language,

*Für Pauline ist klar: »Ich bin am Hören nicht interessiert.«*

ASL) dazu, und das Sprechen fällt weg. »Zum Glück«, sagt Pauline, »was soll ich englisch sprechen lernen? Man versteht mich ja sowieso nicht.« Das Artikulieren der deutschen Lautsprache ist wahrhaftig anspruchsvoll genug. So arbeitet Pauline immer noch zweimal die Woche mit einer Logopädin.

Und wie ist es im Schulhaus während der Pausen? Ist es still in den Gängen, da alle Kinder gebärden? O nein, es wird in Lautsprache gesprochen, es wird gebärdet, es wird gerufen und gequietscht – der Lärmpegel ist wie in jedem anderen Schulhaus: hoch!

Als Einzige in ihrer Klasse besuchte Pauline die Primarschule in Wollishofen die vollen sechs Jahre lang – wenn man denn überhaupt von »Klasse« sprechen kann: Die Zusammensetzung änderte sich nämlich vor allem in den ersten drei Jahren häufig. Das hängt damit zusammen, dass für jedes Kind mit einer Hörbehinderung eine individuelle Lösung gesucht werden muss. Und weil vor allem auf der Unterstufe schwerhörige und gehörlose Kinder bunt zusammengewürfelt sind, von den unterschiedlichen Lernniveaus ganz zu schweigen, ergibt sich ein ständiges Kommen und Gehen. Ein Kind wechselt in eine Schule für Schwerhörige, ein anderes wird in die Regelschule integriert, ein drittes tritt neu ein, weil die Integration doch nicht geklappt hat. Auch Pauline unternahm einmal für etwa ein halbes Jahr den Versuch und arbeitete vier Stunden pro Woche in einer Regelklasse mit, aber es war ihr nicht wohl dabei. Lieber blieb sie im ZGSZ, als den Weg der Integration zu gehen. Im Sommer 2013 ist sie in die erste Klasse der Oberstufe eingetreten.

Diese Wechsel in der Klassenzusammensetzung und die Tatsache, dass in der Primarschule nur durchschnittlich fünf bis sechs Schülerinnen und Schüler in einer Klasse sind, in der gesamten Oberstufe gerade mal dreizehn, machen es Pauline leider nicht leicht, eine beste Freundin zu finden. Zudem fällt der Schulweg weg, auf dem sie sich mit den anderen Jugendlichen austauschen könnte. Pauline fährt den weiten Weg von Muri nach Zürich Wollishofen mit dem öffentlichen Bus. Jeden Morgen steht sie um Viertel nach fünf auf, und um sechs Uhr wartet sie bereits an der Bushaltestelle!

Im Bus beobachtet Pauline die anderen Leute sehr genau, aber Kontakt aufnehmen, nein, das mag sie dann doch nicht. Nur, würde das ein gleichaltriges hörendes Mädchen tun? Wohl kaum. Im Gegensatz zu ihnen ist es für Pauline jedoch normal, dass sie in der Gesellschaft der Hörenden nicht dazugehört. Im Bus bekommt sie von den Gesprächen der anderen Reisenden nichts mit. Klar. In den Läden, beim Coiffeur oder im Restaurant ist es immer still, auch wenn Hochbetrieb herrscht. Logisch. Und dass sie in der Mädchenriege nicht mitschwatzen konnte? Ganz normal. Aber dass die anderen Mädchen über sie tuschelten und sie links liegen ließen, das tat weh! Deshalb wechselte Pauline in den Leichtathletikverein – eine gute Entscheidung, denn dort wurde sie weder gemieden noch ausgelacht. Zwar war sie weiterhin darauf angewiesen, alles genau zu beobachten, da niemand die Anweisungen der Turnlehrerin in die Gebärdensprache übersetzte, doch daran war sie ja gewohnt. Leider musste sie die Leichtathletik aus gesundheitlichen Gründen an den Nagel hängen. Trotzdem möchte Pauline noch einmal einen Versuch starten, mit hörenden Jugendlichen zusammen Sport zu treiben. Sie hat sich für einen Tennis-Schnupperkurs angemeldet. Aber so wohl wie im Sportcamp des Schweizerischen Gehörlosen Sportverbands (SGSV-FSSS), an dem sie im Sommer 2013 zum ersten Mal teilnahm, wird sie sich kaum fühlen, denn es stand ausschließlich Teenagern mit einer Hörbehinderung offen.

Pauline ist sehr geschickt mit ihren Händen. Fürs Basteln, das sie als Kind sehr gemocht hat, findet sie aber kaum

*Und wie ist es im Schulhaus während der Pausen? Ist es still in den Gängen, da alle Kinder gebärden? O nein, es wird in Lautsprache gesprochen, es wird gebärdet, es wird gerufen und gequietscht – der Lärmpegel ist wie in jedem anderen Schulhaus: hoch!*

*Wie die meisten Jugendlichen hat sie Wünsche und Träume und wenig Ahnung, wie sie diese umsetzen könnte. Aber anders als bei den Hörenden kommt für sie bei der Lehrstellensuche die Schwierigkeit dazu, als Gehörlose akzeptiert zu werden.*

noch Zeit. Ob der Schulstress schuld daran ist oder ob das iPad plötzlich mehr Aufmerksamkeit in Anspruch nimmt? Pauline liebt es nämlich, auf Facebook und in anderen sozialen Netzwerken, zum Beispiel im Video-Chat-System ooVoo, zu chatten, auf Youtube zu surfen und selber Fotos und Filme hochzuladen. Das Lesen spart sie sich auf den Abend auf, außer der Lektüre der Gratiszeitung, die sie auf dem Schulweg im Bus liest. Die Pendlerzeitung mit ihren Nachrichten in Kürzestform ist übrigens sehr praktisch für Gehörlose, die ja immer in einer Fremdsprache lesen müssen. Denn das ist Deutsch für sie (▶ 23). Und wer liest schon freiwillig in fremdsprachigen Zeitungen? Pauline schreckt das nicht ab. »Ihr Leseverständnis ist vielleicht bereits besser als meines«, sagt Mutter Silvia.

Wenn Pauline die Gelegenheit hat, wirkt sie auch gern in Gebärdensprachprojekten mit. So trat sie einige Male für FOCUSFIVE (▶ 11), das Schweizer Gebärdensprach-Web-TV, im Kinderprogramm FOCUSKIDS auf. Und sie gebärdete vier Geschichten für die DVD *Pauline und der Froschkönig*[1]. Auch bei der DVD zum Buch *Hände bewegen*[2], einer Werkstatt für hörende Kinder der Mittelstufe, hat sie mitgearbeitet. Sie erzählte das Märchen von Schneewittchen vor der Kamera. Auswendig. Neun Minuten lang. Ohne den Faden zu verlieren und ohne Hilfe einer Souffleuse beziehungsweise eines »Vorgebärders«.

Die Ferien verbringt Pauline am liebsten am Meer. Sie liebt die Sonne und das Baden – jedenfalls wenn sie das Wasser nicht mit Krebsen teilen müsse, sagt sie. Ein Stadtbummel in einer fremden Stadt ist auch nicht zu verachten: die Mode bestaunen, Kleiderregale durchwühlen, Eis schlecken. Wunderbar. Und das alles ohne Hörgerät, denn auch dieses darf mal Ferien machen, zu Hause wohlverstanden. Am liebsten würde sie es jetzt schon ganz zur Seite legen. Sie freut sich auf die Zukunft, wenn sie endlich selber darüber entscheiden darf. Und was bringt die Zukunft sonst noch alles? Es fällt Pauline schwer, die Frage nach einem konkreten Berufswunsch zu beantworten. Wie die meisten Jugendlichen hat sie Wünsche und Träume und wenig Ahnung, wie sie diese umsetzen könnte. Aber anders als bei den Hörenden kommt für sie bei der Lehrstellensuche die Schwierigkeit dazu, als Gehörlose akzeptiert zu werden und einen Lehrmeister oder eine Lehrmeisterin ohne Berührungsängste zu finden – kein leichtes Unterfangen, auch wenn die Schule sie dabei unterstützt.

Pauline träumt von einer Lehrstelle, wo sie ihrer Kreativität und Freude am Gestalten freien Lauf lassen kann, zum Beispiel in einem Atelier in der Werbebranche. Daneben möchte sie die Berufsschule für Hörgeschädigte (BSFH) in Oerlikon besuchen. Voraussetzungen für die Aufnahme sind ein Lehrstellenvertrag und eine Verfügung der Invalidenversicherung zur Finanzierung des Unterrichts. Ob sie später die Ausbildung zur Gebärdensprachlehrerin machen wird, wie ihr – wohl im Zusammenhang mit ihren Auftritten als Erzählerin in Gebärdensprache – immer wieder nahegelegt wird? Die Zukunft wird es weisen.

Schläft ein Bild in allen Dingen,
Die da träumen fort und fort,
Und die Welt hebt an zu schwingen,
Gebärdest du das Zauberwort.

Frei nach Joseph von Eichendorff

### Anmerkungen

1 Johanna Krapf, *Pauline und der Froschkönig*. Vier Geschichten in Gebärdensprache, DVD, Jona 2012.
2 Johanna Krapf, *Hände bewegen. Eine Werkstatt zum Kennenlernen der Gebärdensprache*, mit DVD, Zürich 2011.

# Bilinguale oder orale Erziehung?

Bilingual ist der lateinische Ausdruck für »zweisprachig«. Unter Bilingualität bei Menschen mit einer Hörbehinderung wird die Zweisprachigkeit von Gebärdensprache und Lautsprache verstanden. Befürworter der bilingualen Erziehung sind überzeugt, dass die Gebärdensprache die natürliche Sprache der Menschen mit einer hochgradigen Hörbehinderung sei. Nur die visuelle Gebärdensprache ermögliche ihnen eine vollständige Kommunikationsfähigkeit, während die primär akustisch wahrnehmbare Lautsprache dies nicht leisten könne. Es ist deshalb das Anliegen der bilingualen Erziehung, dass Kinder mit einer hochgradigen Hörbehinderung die Gebärdensprache früh, wenn möglich sogar als Erstsprache lernen und in der Schule in beiden Sprachen unterrichtet werden. Wenn sie von klein auf gebärden, das heißt in Gebärdensprache sprechen können, verfügen sie über einen sprachlichen Kanal, der ihnen eine vollständige, vor allem aber frühzeitige Kommunikation mit ihren Eltern erlaubt. Kinder, die die Gebärdensprache sprechen, lernen auch die Lautsprache leichter, da sie von einer natürlichen Erstsprache ausgehen können. Gewiss ist es von Mensch zu Mensch verschieden, ob jemand die Gebärdensprache oder die Lautsprache bevorzugt und in welchem Verhältnis die beiden Sprachkompetenzen zueinander stehen. Aber nur wer über beide verfügt, kann überhaupt eine Wahl treffen.

Im Gegensatz zur bilingualen setzt die orale Erziehung (von lateinisch »os« für Mund) auf die Lautsprache und verzichtet weitgehend auf die Gebärdensprache. Befürworter dieser Methode sind der Auffassung, dass die Gebärdensprache die Kinder vom Lautspracherwerb ablenke und diesen eher erschwere als erleichtere, da sie die Kinder »sprechfaul« mache. Das Ziel der oralen Methode ist es, den Kindern eine vollständige Integration in die Welt der Hörenden zu ermöglichen, weil der Kreis der gebärdensprachlich orientierten Menschen klein und die Kultur der Gehörlosen (▶ 21) die einer Minderheit ist.

Wie viele Menschen mit einer hochgradigen Hörbehinderung erreichen jedoch eine vollständige Integration in die Gesellschaft der Hörenden? Wie sieht es für diejenigen aus, denen das deutliche Artikulieren auch nach jahrelangem Üben noch Schwierigkeiten bereitet oder die Probleme mit dem Lippenlesen haben? Ist die vollständige Integration für sie ein realistisches Ziel? Zweifellos können sie die Gebärdensprache auch später noch lernen, wenn sie das möchten, aber wie haben sie sich als Kinder gefühlt, bevor ihnen eine natürliche Sprache zur Verfügung gestanden hat?

Der Schweizerische Gehörlosenbund (SGB-FSS) (▶ 30) sagt dazu: »Der gleichzeitige und gleichwertige Erwerb von Gebärdensprache und gesprochener Sprache (Lautsprache) ist die optimale Grundlage auf dem Weg zu einem selbstbestimmten Leben der gehörlosen und hörbehinderten Menschen. Unterstützt werden soll der bilinguale Spracherwerb durch den Einsatz von verschiedenen visuellen und auditiven, technischen und manuellen Hilfsmitteln wie Hörgeräten, Cochlea-Implantat, Dolmetscherdiensten in Schulen [...]. Die Selektion der Hilfsmittel zur Unterstützung des Erwerbs der gesprochenen Sprache erfolgt nach individuellen Bedürfnissen der Betroffenen. An der Diagnose Gehörlosigkeit und Hörbehinderung ändert dies nichts. Die Sinnesbehinderung wird die Betroffenen ein Leben lang begleiten und herausfordern.«[1]

#### Anmerkung
1    www.sgb-fss.ch › Bilingualität: unsere Position (Abfrage 28.3.2014).

# *Corina Arbenz-Roth*

*geboren 1975*

Das Curriculum Vitae von Corina Arbenz nimmt viel Platz ein: Sie ist gelernte Dekorationsgestalterin, Werklehrerin mit einem Master of Arts in Gestaltung und Kunst, Heilpädagogin[1] mit einem Master of Arts in Special Needs Education, Mutter von zwei Töchtern, Kunstmalerin, Schmuck- und Möbeldesignerin, Buchillustratorin, Leiterin von Kreativkursen und einer Fachstelle für bilinguale Bildung für Gehörlose/Hörbehinderte – und welcher Tätigkeit auch immer sie gerade nachgeht, eines ist sicher: Sie setzt sich voll dafür ein. Neben ihren beruflichen Aufgaben pflegt sie außerdem vielerlei Hobbys wie etwa Tanzen, das für sie sehr wichtig ist und dem sie viel Zeit und Energie widmet.

*Corina, du bist gehörlos, dein Mann Moritz ist hörend, deine Tochter Zoe, geboren im Februar 2005, ist ebenfalls hörend, deine Tochter Lina, geboren im November 2006, gehörlos. Wie sprecht ihr miteinander?*

Unsere Familie ist bilingual. Wir sprechen Gebärdensprache und Lautsprache. Passend zur Situation wechseln wir von einer Sprache in die andere, je nachdem wer mit wem spricht, ob Blickkontakt möglich und ob es Morgen oder Abend ist. Am Abend bin ich nämlich manchmal einfach zu müde zum Lippenlesen (▶ 24). Für uns alle ist es eine Bereicherung, wenn wir zwischen den zwei Sprachen wählen können, der körpernahen, dreidimensionalen Gebärdensprache (▶ 14) und der Lautsprache, in der ich meine Formulierungen immer bewusst suchen und auf die Lautstärke achten muss. So haben Moritz und ich mit beiden Kindern von Anfang an gebärdet. Gerade für ein Baby, sei es hörend oder gehörlos, ist es doch natürlich, dass in der Kommunikation viel Körpersprache beteiligt ist. Man zeigt auf die Dinge, nickt und strahlt oder schüttelt missbilligend den Kopf. Deshalb kann auch ein hörendes Baby nur profitieren, wenn mit ihm gebärdet wird, denn in der Gebärdensprache werden Hände, Mimik, Körperhaltung und der ganze Oberkörper eingesetzt; die Lautsprache nimmt das Kind ohnehin ganz von allein vom lautsprachlich orientierten Umfeld auf. Aber klar, Moritz hat mit Zoe auch in Lautsprache geredet, hat Musik gemacht und CDs abgespielt, damit sie nichts verpasst. Bei Lina hingegen legten wir noch mehr Gewicht auf die Gebärdensprache, nachdem wir herausgefunden hatten, dass sie nicht hören kann. Darauf waren wir übrigens nicht vorbereitet, denn ich hatte geglaubt, meine Hörbehinderung sei auf einen Sauerstoffmangel bei meiner Geburt zurückzuführen. Niemand hatte gedacht, dass Vererbung im Spiel sein könnte, da ich in der Familie weit und breit die einzige Gehörlose (▶ 15, 17) bin. Offenbar kann aber ein solcher Gendefekt bis zu sie-

*Uns Hörenden ist meist nicht bewusst, wie viel sensibler als wir ein gehörloser Mensch visuelle und taktile Reize wahrnimmt.*

ben Generationen überhüpfen. Gewissheit, ob tatsächlich eine genetisch bedingte Gehörlosigkeit vorliegt, habe ich nicht, da ich das bei mir nie abklären ließ – was würde es schon ändern?

*Wie alt warst du, als klar wurde, dass du gehörlos bist?*
Das weiß ich nicht so genau. Es ist besser, wenn wir meine Mutter fragen. Ich hole sie rasch, sie ist nämlich heute gekommen, um mir zu helfen, da ich die Maler im Haus habe. Außerdem spielt sie sehr gern mit den Kindern.

*(Silvia Roth, Corina Arbenz' Mutter, antwortet:)* Als Corina ein Baby war, war ich sehr behutsam. Solange sie schlief, unterließ ich das Staubsaugen und verzichtete auf das Radio, um sie ja nicht zu stören. Und wenn ich ihr Zimmer betrat, vorsichtig und leise, reagierte sie immer sogleich – sie muss die Bewegung wahrgenommen haben, ich aber dachte natürlich, sie habe mich gehört. Dann, als Corina etwa sechs Monate alt war, nahm ich sie wieder einmal mit zu meiner Mutter. Dort beschäftigte sie sich mit ihrem Holzspielzeug auf dem Plattenboden der Küche, als plötzlich ein Pfannendeckel hinunterfiel. Er schepperte ohrenzerreißend (▶ 36)! Meine Mutter und ich fuhren zusammen, Corina aber spielte ruhig weiter. Keine Reaktion. Also wiederholten wir den Vorgang und ließen den Deckel außerhalb von Corinas Blickfeld nochmals zu Boden krachen. Nichts. Da wusste ich: Etwas stimmt nicht. Ich rief sofort die Mütterberaterin an und vereinbarte einen Termin. Sie testete Corina, indem sie Geräusche machte und Corinas Reaktion beobachtete. Das mag ganz einfach klingen, ist es aber nicht. Uns Hörenden ist meist nicht bewusst, wie viel sensibler als wir ein gehörloser Mensch visuelle und taktile Reize wahrnimmt. Ein gehörloses Baby hört das Geräusch zwar nicht, aber es sieht eine minutiöse Bewegung oder spürt einen Luftzug, und schon dreht es den Kopf. Die Mütterberaterin war sich deshalb nicht sicher und schickte

*Meine Kollegin hatte gehörlose Eltern. Deshalb fühlte sie sich in der Gebärdensprache zu Hause, während ich dieser Form der Kommunikation misstraute. Handelte es sich dabei nicht um eine Art »Affensprache«?*

uns für weitere Abklärungen zum Arzt. Der wiederum überwies uns ins Spital. Dort wurde Corina ziemlich altertümlichen Hörtests – mithilfe von Pfeiftönen – unterzogen, und nach fünf Minuten erklärte die unsensible Ärztin kurz und bündig: »Das Kind hört nichts. Es wird nach Zürich in die Gehörlosenschule[2] gehen müssen.« In ein paar wenigen Sätzen skizzierte sie Corinas ganze triste Zukunft. Wir Eltern waren am Boden zerstört. Aber wir rappelten uns auf und setzten uns sofort mit dem Landenhof[3] in Unterentfelden im Kanton Aargau in Verbindung, um eine Früherziehung (▶ 12) aufzugleisen. Wir wohnten damals in Windisch bei Brugg. Fortan kam eine Therapeutin einmal pro Woche zu uns nach Hause. Sie unterstützte Corina beim Sprechenlernen und leitete mich an, damit auch ich das Mädchen bestmöglich fördern könne. Später schickten wir es in die Spielgruppe im Landenhof.

*Corina, wie stehen deine Eltern zur Gebärdensprache?*
Meine Eltern erkundigten sich natürlich, was das Beste für mich und meine Sprachentwicklung sei, und man sagte ihnen, dass die Gebärdensprache den Lautspracherwerb behindere. Sie lenke vom wichtigsten Ziel, der Beherrschung der Lautsprache, ab. Deshalb sei jegliche Beschäftigung mit der Gebärdensprache zu vermeiden. So lautete die akzeptierte Lehrmeinung jener Zeit (▶ 25). Eigentlich hat der Widerstand meiner Eltern gegenüber der Gebärdensprache erst nachgelassen, seit sie miterlebt haben, wie leicht und spielerisch und vor allem auch wie früh Lina zu sprechen begonnen hat, und das bestimmt nicht trotz, sondern dank der Gebärdensprache beziehungsweise der Zweisprachigkeit. Anfänglich standen sie unserer bilingualen Erziehung allerdings sehr skeptisch gegenüber.

*Wo hast du die Gebärdensprache gelernt?*
Erst viel später, als ich längst im Landenhof zur Schule ging, allerdings nicht während des Unterrichts, sondern in der Freizeit. Ich musste nämlich meine Hausaufgaben oft zusammen mit einer gehörlosen Kollegin erledigen, da wir ähnliche Probleme mit der Lautsprache hatten und gegenüber den schwerhörigen Schulkameradinnen und -kameraden im Nachteil waren. Meine Kollegin hatte gehörlose Eltern. Deshalb fühlte sie sich in der Gebärdensprache zu Hause, während ich dieser Form der Kommunikation misstraute. Handelte es sich dabei nicht um eine Art »Affensprache«? Nach und nach gebärdeten wir jedoch immer häufiger und vergaßen völlig, dass wir eigentlich Hausaufgaben machen sollten. Wie ein Schwamm sog ich die Gebärden auf. Und als wir miteinander nach St. Gallen fuhren – das war 1991, als der Tag der Gehörlosen zum ersten Mal in der Schweiz gefeiert wurde –, tauchte ich ganz in diese für mich neue Welt ein: So viele Gehörlose beieinander zu sehen, und alle gebärdeten, alle verstanden sich und ich verstand sie, ohne Sprachbarriere, ohne Missverständnisse – das war ein wunderbares Erlebnis. Ich fühlte mich wie ein Fisch im Wasser. Nie werde ich diesen Tag vergessen.

*Und wie ist Moritz zur Gebärdensprache gekommen – durch dich?*
Ja und nein. Das ist eine lustige Geschichte. Im Sommer 2002 wurde in Zürich Oerlikon die Einweihung des »Park-Hauses«, einer großen, von Pflanzen überzogenen Konstruktion, gefeiert. Der Schweizerische Gehörlosenbund (▶ 30) war an diesem Fest mit einem Informationsstand präsent und bot kurze Einführungskurse in die Gebärdensprache an. Dort stand ich dann und unterhielt mich mit einem Bekannten. Er fragte mich, ob ich eigentlich zurzeit keinen Freund habe. Nein, erwiderte ich, und ich sei auch ganz zufrieden so. Mir gefalle die Freiheit und Unabhän-

gigkeit. Wirklich?, fragte er. Das könne er nicht dulden. Ich brauche doch einen Mann an meiner Seite. Ich solle mir jetzt und hier jemanden aussuchen. Das sei absolut nicht meine Art, Leute kennenzulernen, antwortete ich. Aber mein Bekannter ließ nicht locker, und so willigte ich schließlich ein – zum Spaß! Ich schaute mir die Runde der Gebärdensprachkurs-Teilnehmer etwas genauer an. Dabei fiel mir ein junger Mann auf, der über eine außergewöhnliche Bildauffassung und eine beeindruckende visuelle Begabung verfügte, denn er kopierte die vorgezeigten Gebärden rasch, präzis und sauber. Also deutete ich auf ihn – zum Spaß natürlich. Mein Kollege holte ihn herbei, als der Kurs zu Ende war, und stellte uns einander vor. Wir begannen zu plaudern, und der junge Mann, er hieß Moritz, gab mir seine Adresse, bevor er sich verabschiedete. So kam es, wie es kommen musste. Wir verabredeten uns ein paarmal und verstanden uns immer besser. Ich hatte allerdings schon seit längerem einen Aufenthalt in Hawaii geplant – ich liebe das Reisen – und flog deshalb kurz darauf für fünf Wochen in die USA. Als ich zurückkam und Moritz wiedersah, staunte ich nicht schlecht: Er hatte enorme Fortschritte beim Gebärden gemacht, er hatte sich nämlich mit einer Kollegin, einer Gebärdensprachdolmetscherin, getroffen und sich von ihr unterweisen lassen, hatte geübt und geübt. So wurden wir Freunde und schließlich ein Paar.

*Und jetzt habt ihr zwei Töchter: Zoe, sie wird bald neun, und Lina, sieben Jahre alt. Wie war es für euch, als euch klar wurde, dass Lina gehörlos ist?*
Ich finde es schön, ein hörendes und ein gehörloses Kind zu haben. Ich hatte mir unbewusst immer gewünscht, nicht die Einzige in der Familie zu sein. Und auch für Moritz, der visuell sehr begabt ist, war Linas Gehörlosigkeit nie ein Problem, sondern eine spannende Aufgabe (▶ 29). Ein wenig anders sieht es allerdings aus, wenn ich an unse-

ren Umgang mit Linas Umfeld, wie etwa in der Schule, denke: Immer wieder machen wir schwierige Erfahrungen und erleben unachtsame Reaktionen auf die Gehörlosigkeit unserer Tochter. Noch ist das Leitbild der Inklusion in der Schule Theorie, ist das Konzept einer Schule, die allen Schülerinnen und Schülern offensteht, wo sich alle Kinder mit ihren individuellen Fähigkeiten und Neigungen einbringen können, nicht umgesetzt (▶ 18). Lina geht oft unter, da sie sich still und unauffällig verhält, und in der Kommunikation ist sie benachteiligt. Es wird wohl noch einige Zeit dauern, bis die Gesellschaft sensibilisiert ist hinsichtlich der Thematik Gehörlosigkeit und bis die davon Betroffenen nicht mehr stigmatisiert werden.

*Wer fand wann und wie heraus, dass Lina gehörlos ist?*
Lina wurde nicht im Spital geboren, denn wir wollten sie daheim in einer entspannten Atmosphäre willkommen heißen. Sie sollte nicht wie Zoe, die ich wegen einer Steißlage im Spital zur Welt gebracht hatte, in ihren ersten Minuten nach der Geburt in einem klinischen Umfeld mit Tests geplagt werden, sondern sich in unseren Armen von den Strapazen erholen dürfen. Deshalb wurde Linas Gehörlosigkeit nicht bei einem Hörscreening im Spital festgestellt, sondern wir selber wurden aufmerksam darauf. Es fiel uns schon bald auf, dass sie in manchen Situationen anders reagierte, als Zoe das getan hatte. Lina fühlte sich nicht wohl im Kinderwagen. Sie hob immer wieder ihr Köpfchen und versuchte, nach allen Seiten zu gucken. Eigenartig, dachten wir. Und auch im Babytragetuch verhielt sich Lina im Vergleich zu Zoe anders: Für sie war es kein angenehmes und beruhigendes »Transportmittel«, da es ihr die Sicht nahm. Also wollte sie andersherum, mit dem Gesicht zur Umgebung, eingebunden sein, damit sie etwas sehen konnte. Sie brauchte die visuellen Eindrücke. Zoe hingegen hatte sich zufrieden ins Tragetuch gekuschelt

*Ich finde es schön, ein hörendes und ein gehörloses Kind zu haben. Ich hatte mir unbewusst immer gewünscht, nicht die Einzige in der Familie zu sein.*

und auf die Geräusche gelauscht. Da wunderten wir uns natürlich und probierten aus, ob Lina auf Töne reagiere. Wir achteten darauf, dass sie in ihr Spiel vertieft war und uns weder sehen noch die Vibrationen spüren konnte, und machten Krach. Als sie nicht aufschaute, hatten wir die Bestätigung, dass sie nicht hören konnte. Damals war sie drei bis vier Monate alt. Ist es nicht spannend zu sehen, dass sich ein gehörloses Baby schon in diesem Alter von einem hörenden Baby unterscheidet? Und ist es nicht ganz logisch, dass wir Gehörlosen eine eigene Kultur leben und pflegen (▶ 21)!

*Ist es nicht spannend zu sehen, dass sich ein gehörloses Baby schon in diesem Alter von einem hörenden Baby unterscheidet?*

*Wie geht ihr mit Linas Gehörlosigkeit um?*
Wir sehen es als spannende Aufgabe an, ihr möglichst gerecht zu werden. Nur schon die richtige Schule zu finden ist nicht leicht. Soll sie eine Spezialschule für Kinder mit Hörbehinderung besuchen oder ist die integrierte Schulung der bessere Weg? Bisher haben wir uns für die Regelschule im Dorf entschieden. Das ist aber nur dank der Unterstützung der Lehrkräfte und der Schulbehörden möglich. Zum Glück ist Linas Lehrerin sehr an Gebärdensprache interessiert und setzt sie ein, wo immer es passt. Einer der schönsten Momente war es, als die Kinder an unserem Dorffest die Lieder in Gebärdensprache vortrugen. Die tanzenden Kinderhände wirkten wunderbar poetisch, natürlich und locker – ein zutiefst beeindruckendes Schauspiel nicht nur für uns Eltern, sondern für alle Anwesenden.

Lina wurden zusätzlich, nach einer Auseinandersetzung und einer Absprache mit der Schule, den Lehrpersonen und dem Schulrat, eine Audiopädagogin (▶ 2) und für einige Stunden pro Woche eine Gebärdensprachdolmetscherin zur Seite gestellt. Und natürlich sind auch wir Eltern gefordert und unterstützen unsere Tochter nach Möglichkeit. Das bedeutet aber nicht, dass wir sie unter Druck setzen und ihr unsere Vorstellungen aufdrängen.

Erst kürzlich hat sie uns vor eine neue Herausforderung gestellt: Sie fragte uns, warum sie eigentlich kein Cochlea-Implantat (▶ 6) trage wie andere Kinder, die sie beobachtet hat. Vielleicht könnte sie dann besser verstehen und reden. – Ja, warum eigentlich nicht? Ich war dieser neuen Technologie gegenüber immer skeptisch eingestellt. Ich selber trage ein Hörgerät, seit ich ein Kleinkind war. Wie viel es mir bringt, ist allerdings schwierig abzuschätzen. Gut, ich nehme es wahr, wenn meine Töchter heftig streiten, während ich zum Beispiel gerade am Kochen bin. Oder ich realisiere, dass das Feuer noch brennt, weil es laut knackt. Aber manchmal bin ich auch einfach froh, wenn ich das Hörgerät herausnehmen kann und meine Ruhe habe. Das CI hingegen, das ist schon eine andere Sache. Da trägt man sozusagen einen Minicomputer am und im Kopf, ein relativ schweres Gerät, das gut zu sehen ist, außer vielleicht bei einer Frau mit dichtem langem Haar. Und es ist auch keineswegs so, dass, wer ein CI trägt, nachher normal hören kann. Hören und Sprechen wollen gelernt sein. Auf die Operation folgt eine intensive Therapie. Außerdem kann niemand eine Erfolgsgarantie für die Operation geben. Jede Person reagiert anders darauf. Ich kenne junge Erwachsene, die das CI nicht mehr tragen, seit sie selber darüber entscheiden dürfen. Aber zurück zu Lina: Sie argumentierte gut und beharrte darauf, dass wir der Frage nachgehen. Also informierten wir uns und ließen abklären, ob die Implantation bei Lina erfolgversprechend wäre. Seither bin ich offener, auch wenn ich mich immer noch etwas schwer damit tue. Doch die Würfel sind gefallen: Lina wird bald operiert. Ob ich allerdings die geeignete Person bin, sie ins Spital zu begleiten, bei meinen Zweifeln und Ängsten, bei meinem Spitaltrauma – ich weiß es nicht.

*Spitaltrauma?*

Als ich etwa sieben Jahre alt war, hatte ich einen Leistenbruch, der im Spital operiert werden musste. Dort wurde ich in Narkose versetzt, ohne dass ich vorher darüber informiert worden wäre. Ich wusste nicht, warum wer was mit mir machte. Außerdem trug der Narkosearzt einen Mundschutz. Er sah aus wie eine Mumie und jagte mir großen Schrecken ein. Dazu kam, dass ich nicht von den Lippen ablesen konnte, da sein Mund verdeckt war. Dieses Erlebnis hinterließ in mir eine bleibende Abneigung gegenüber der Institution Spital. Deshalb ist es wohl besser, wenn Moritz Lina zur Seite steht. Er kann sich auch leichter mit den Ärzten bereden, während ich einen Dolmetschdienst in Anspruch nehmen müsste. Übrigens habe ich einen Freund, der gut gebärden kann und im Spital arbeitet, gebeten, bei Lina zu bleiben, bis sie eingeschlafen ist. Ich finde, über solch gebärdensprachkompetente Leute sollte jedes Spital – wie auch andere öffentliche Institutionen – verfügen, zumindest für Notsituationen.

> *Da ich aber mein Sprechen gar nicht hörte und alles über die Augen wahrnahm, war das sehr anstrengend. Das Erlernen der Lautsprache ist eine hohe Kunst, fast wie das Seiltanzen.*

*Du beherrschst die Lautsprache sehr gut und sprichst sie, ohne dich gehemmt zu fühlen. Trotzdem betonst du, wie wichtig Gebärdensprachdolmetschende auch für dich sind. In welchen Situationen nimmst du ihre Dienste in Anspruch?*

Bei einem Gespräch in der Gruppe, das spontan und flüssig dahinplätschern soll, ist es eine große Erleichterung, wenn eine Dolmetscherin oder ein Dolmetscher übersetzt, denn so wird der Gesprächsrhythmus nicht ständig gestört. Je größer die Zahl der beteiligten Personen ist, mit ihren unterschiedlichen Mündern und Gesichtsausdrücken, desto anstrengender wird das Ablesen. Die Sitzordnung, der Blickwinkel, das Spiel des Lichts im Raum – alles spielt eine große Rolle und macht die Situation für mich, die ich auf den Blickkontakt mit der sprechenden Person angewiesen bin, sehr schwierig (▶ 27).

Ich betone immer, dass Gehörlose eine gute Bildung ohne Einsatz von Dolmetschenden nicht erreichen können. Ich hoffe deshalb, es werde eines Tages eine App entwickelt, die gesprochene Sprache automatisch verschriftlicht. Nicht dass damit die Dolmetschereinsätze überflüssig würden, aber die App könnte eine gute Ergänzung sein.

*Wie hast du die Lautsprache so gut lernen können?*
Meine Mutter war eigentlich meine wichtigste Therapeutin. Ich war ein Einzelkind, und sie widmete sich ganz meiner Sprachförderung, natürlich unter Anleitung einer Audiopädagogin, die mit mir zu üben begann, als ich etwa sechs Monate alt war (und die übrigens nicht gebärden konnte). Doch es war nicht nur einfach, die Mutter als Lehrerin zu haben. Sie wies mich immer auf die korrekte Aussprache hin. Da ich aber mein Sprechen gar nicht hörte und alles über die Augen wahrnahm, war das sehr anstrengend. Das Erlernen der Lautsprache ist eine hohe Kunst, fast wie das Seiltanzen (▶ 1).

(*Silvia Roth schaltet sich nochmals in das Gespräch ein:*) Das Gebärden war damals verboten, ja, die Hände gehörten hinter den Rücken, damit niemand in Versuchung gerate, sie einzusetzen. Ich spielte also täglich mit dem Kind, übte und sprach ihm Wörter vor. So lernte es das Ablesen relativ rasch und begann zu sprechen beziehungsweise die Wörter mit seinem Mund nachzuahmen. Das erste Wort war »Mama«, natürlich noch ohne Ton, denn zuerst sprach Corina nur stimmlos. Wie alt sie war, weiß ich nicht mehr so genau – vielleicht etwa zweijährig? Das erste Wort mit Stimme, das war »Blume«, wohl ungefähr ein halbes Jahr später. Corina liebte es, im Garten zu spielen und Blumen zu pflücken. Da sagte sie plötzlich, aber wie immer lautlos: »Blume«. Ich antwortete: »Ich höre nichts.« Und sie wiederholte – mit Ton: »Blume.«

*Da sagte sie plötzlich, aber wie immer lautlos: »Blume.« Ich antwortete: »Ich höre nichts.« Und sie wiederholte – mit Ton: »Blume.«*

*(Corina:)* Noch Jahre später wunderte ich mich, wie es möglich ist, dass die Leute so viele Laute unterscheiden können. Wie machen sie das bloß? Wenn ich ihre Lippen beobachtete, nahm ich nur wenige verschiedenartige Bewegungen wahr. Ja, das Sprechenlernen nahm in meiner Kindheit sehr viel Raum ein, gerade auch in der Zeit vor dem Eintritt in den Kindergarten des Landenhofs, denn wie sein Name – Zentrum und schweizerische Schule für Schwerhörige – sagt, ist sein Unterricht vor allem auf Schwerhörige ausgerichtet, ich aber bin gehörlos. Ich musste also hart arbeiten, um die Bedingungen für eine Aufnahme zu erfüllen. Ich besuchte damals die Spielgruppe im Landenhof und wurde regelmäßig von der Therapeutin herausgeholt. Dagegen widersetzte ich mich mit aller Kraft, denn sie unterbrach mich beim Spielen, und das für eine Therapie, die gar kein Spaß war, sondern nur Anstrengung: Nach einer Stunde war ich immer fix und fertig. Auch meine Mutter übte beharrlich mit mir, jeden Tag, und deshalb ist unsere Beziehung noch heute irgendwie von dieser Situation geprägt. Manchmal sage ich zu ihr: »Weißt du, du musst dir jetzt ein neues Betätigungsfeld suchen.« Was allerdings nicht heißen will, dass ich mich nicht freue, wenn sie mit unseren Töchtern spielt und, wie heute, für uns kocht!

*Wie ging es mit deiner Ausbildung weiter?*
Ich absolvierte meine ganze Schulzeit – zwei Jahre Kindergarten, sechs Jahre Primarschule, ein Vorbereitungsjahr für die Oberstufe und drei Jahre Sekundarschule – im Landenhof. Meine Eltern zogen von Windisch in dessen Nähe, damit ich nicht intern untergebracht werden musste. Trotzdem fiel mir der Eintritt in den Kindergarten sehr schwer und ich leistete harten Widerstand. Vergeblich. Denn meine Eltern wollten das Beste für mich, und das, so hofften sie, würde mir der Landenhof bieten. Dort setzte man auf die orale Methode in der Schulung von Kindern mit einer

Hörbehinderung, das heißt auf das Lernen der Lautsprache ausschließlich durch Ablesen von den Lippen und Artikulieren der einzelnen Laute, ganz ohne den Einsatz von Gebärden. An der Gehörlosenschule Zürich, im heutigen ZGSZ, hingegen kam schon damals die Gebärdensprache unterstützend zum Zug. Im Landenhof war die Gebärdensprache also verboten. In den Häusern jedoch, wo die Internatskinder wohnten, waren die Regeln zum Teil weniger strikt. So kam es, dass ich die Gebärdensprache schließlich doch lernte, wenn ich mit meiner gehörlosen Kollegin die Hausaufgaben löste.

*War es schwierig, nach dem Abschluss der Schule eine Lehrstelle zu finden?*
Ja, schon. Erst einmal musste ich mir klar werden, was ich eigentlich wollte: Studieren? Einige Zeit im Ausland verbringen? Eine Lehrstelle suchen? Ich hatte viele Ideen und Interessen, aber die Frage war, welche Wege mir auch wirklich offenstanden. Sollte ich auf die Ratschläge der Berufsberatung hören, die mir als Hörbehinderter zu einer einfachen Ausbildung rieten? Schließlich entschied ich mich für eine Lehre, und da ich geschickte Hände habe, dachte ich zuerst an den Beruf der Zahntechnikerin. Aber der war mir dann doch zu einseitig technisch, ich habe ja auch eine künstlerische Begabung und liebe es, kreativ zu arbeiten. Ich fragte mich also, wie ich mein manuelles Geschick mit dem künstlerischen Talent verbinden könnte, und stieß dabei auf die Dekoration. Da es jedoch kein einfaches Unterfangen ist, eine Lehrstelle als Dekorationsgestalterin zu finden, wurde mir empfohlen, einen Eignungstest zu machen, der in der ganzen Schweiz anerkannt wird. Diesen Ratschlag befolgte ich, bestand den Test und verfügte nun über eine offizielle Bestätigung, dass ich sehr geeignet sei. Danach bewarb ich mich bei der Warenhauskette Manor und erhielt die Lehrstelle.

Zum ersten Mal musste ich mich in einem großen Team, unter vielen Mitarbeiterinnen und Mitarbeitern und im Kontakt mit der Öffentlichkeit behaupten, und es klappte! Ich schaffte es, mit den unterschiedlichen Kommunikationssituationen umzugehen. Aber die Arbeit war eher eintönig, und die kreativen Projekte blieben die Ausnahme. Deshalb wechselte ich nach etwa zwei Jahren in ein kleines Atelier, das Werbeaufträge ausführte. Wir waren ein kreatives Team, die Zusammenarbeit klappte gut und ich durfte oft selbständig kleine, spannende Aufträge bearbeiten. Das entsprach mir sehr. Daneben besuchte ich die Berufsschule für Hörgeschädigte (BSFH) in Oerlikon und zusammen mit einer anderen gehörlosen Frau die gestalterische Berufsmittelschule in Altstetten. Der Besuch dieser Berufsmittelschule war eine echte Bereicherung für mich: Wir zwei Gehörlosen wurden von der Klasse und den Lehrpersonen respektiert, und ich erlebte zum ersten Mal, dass ich als Gehörlose in der Gemeinschaft der Hörenden Erfolg haben und integriert werden kann. Das gute Umfeld ist ausschlaggebend! Nach vier Jahren schloss ich meine Lehre als Dekorationsgestalterin und die Berufsmittelschule ab.

*Und nach der Lehre? Hast du eine Stelle als Dekorationsgestalterin gesucht?*
Ich führte immer wieder kleinere Dekorationsaufträge in der Boutique Zwinglihalle aus. Das ist ein originelles, trendiges Geschäft in Zürich. Und ich absolvierte ein einjähriges Praktikum als Sozialpädagogin im Internat des Zentrums für Gehör und Sprache, denn ich interessierte mich für gehörlose Kinder und ihre ganz individuellen Bedürfnisse, und ich wollte mit ihnen meine eigenen Gebärdensprachkenntnisse vertiefen. Dabei lernte ich das Berufsfeld der Werklehrerin kennen, eine Aufgabe, die meine künstlerische Neigung und meine sozialpädagogische Begabung ideal miteinander verband. Ein Studium an der Kunstge-

werbeschule – das wäre doch eine tolle Perspektive, dachte ich. Nur musste ich dafür erst einmal die Aufnahmeprüfung bestehen. Ich reichte also meine Bewerbungsmappe ein und meldete mich für die Prüfung an – zusammen mit ungefähr fünfhundert weiteren Interessierten! Natürlich verunsicherte mich die Situation: ich als einzige Gehörlose unter all den Hörenden, von denen viele den Vorkurs besucht hatten und schon über reiche gestalterische Erfahrung verfügten. Aber ich sagte mir: Probier's doch einfach mal. Und ich bestand die Prüfung ohne Vorbehalt. Dennoch bat ich um ein Gespräch, weil es mir wichtig war, mich zu informieren, ob es zum Beispiel möglich sei, für Vorträge oder Gruppendiskussionen Gebärdensprachdolmetschende zu engagieren.

*Natürlich verunsicherte mich die Situation: ich als einzige Gehörlose unter all den Hörenden. Aber ich sagte mir: Probier's doch einfach mal.*

*Hast du denn während des Studiums Dolmetschdienste in Anspruch genommen?*
Beim praktischen Schaffen kam ich gut allein zurecht, aber vor allem für Vorlesungen und Vorträge war ich auf Dolmetschdienste angewiesen. Ich musste mich allerdings selber darum kümmern, und das war gar nicht so einfach: Immer wieder wurden die Veranstaltungen kurzfristig angesagt, umgestellt oder auch abgesagt. Dolmetschereinsätze müssen jedoch mindestens ein bis zwei Wochen im Voraus beantragt werden, weil sonst alle Dolmetscherinnen und Dolmetscher schon gebucht sind. Mehrmals bat ich deshalb um rechtzeitige Information über das Programm, aber oft bestätigte sich das landläufige Vorurteil, Künstler seien nicht nur intuitiv und kreativ, sondern auch unorganisiert. Für mich eine mühsame Situation. Ebenfalls lästig war es, wenn Dozenten und Dozentinnen Informationen spontan, das heißt mündlich, weitergaben, da ich dann nicht immer folgen konnte und nachfragen musste. Na ja, hörte ich oft, die Hinweise seien nicht so wichtig gewesen, das praktische Arbeiten zähle mehr. Ich wollte jedoch

gleich behandelt werden wie alle anderen, wollte selber entscheiden, was wichtig war und was nicht.

Als es schließlich an die Abschlussarbeit ging, wählte ich ein kunstgeschichtliches Thema: die Kunstform des Triptychons[4]. Und da ich sie multimedial und gebärdensprachlich umsetzte, spielte die Gebärdensprache eine wichtige Rolle. Also war bei der Präsentation eine Dolmetscherin unabdingbar. Der Mittelteil meines Triptychons zeigte Personen in einer Videoaufzeichnung, die in Gebärdensprache von sich und ihrem Schaffen erzählten, während gleichzeitig auf die Seitenflügel Lichtbilder projiziert wurden, die Ausschnitte aus dem Leben der Erzählenden wiedergaben, und zwar Ausschnitte, die genau das illustrierten, wovon die Personen in der Mitte berichteten. So entstand der Eindruck, als würden die Seitenflügel des Triptychons Tore in die erzählenden Menschen öffnen. Diese Idee stieß auf großes Interesse, und ich schloss mein erstes Masterstudium erfolgreich ab.

*Es entwickelten sich ganz spezielle Beziehungen, wie ich sie sonst nicht erlebe: eine Verbindung zwischen zwei Menschen trotz eines großen kommunikativen Abstands.*

Später, in der Zeit, als meine Kinder geboren wurden, studierte ich dann noch Heilpädagogik. Es war eine rechte Herausforderung, das Studium und die Mutterpflichten unter einen Hut zu bringen. Babys waren an der Hochschule nicht gerade willkommen, auch wenn sie friedlich im Tragetuch schliefen, und das Stillen war nicht sehr gern gesehen. So konnte ich nicht alle Module besuchen und musste häufig zu Hause bleiben. Aber mit nur einem Jahr Verzögerung schloss ich auch mein zweites Studium ab: mit dem M. A. in Special Needs Education.

*Du hast als Werklehrerin gearbeitet, und zwar auf unterschiedlichen Stufen, von der Spielgruppe bis zur Sek3. Welches ist deine wichtigste Erinnerung?*
Vor allem der Kontakt zu autistischen gehörlosen Kindern war für mich eine spannende und erfüllende Erfahrung. Sie vermeiden den Blickkontakt, der doch eigentlich für

Gehörlose sehr wichtig ist. Da zeigte sich dann, dass sich die visuelle Gebärdensprache auch gut eignet für eine Kommunikation unter erschwerten Bedingungen. Es entwickelten sich ganz spezielle Beziehungen, wie ich sie sonst nicht erlebe: eine Verbindung zwischen zwei Menschen trotz eines großen kommunikativen Abstands.

*Wie setzt sich dein Freundeskreis zusammen: mehr aus Gehörlosen oder mehr aus Hörenden?*
Ganz gemischt. Es spielt keine Rolle, ob jemand gehörlos oder hörend ist. Ich war zwar die einzige Gehörlose in meiner Familie, aber ich fühlte mich von meinen Eltern und Verwandten immer sehr gut getragen. Meine Mutter klärte alle, die mit mir in Kontakt kamen, über meine Hörbehinderung auf und sensibilisierte sie für mögliche Probleme. Unermüdlich wies sie darauf hin, dass ich auf Blickkontakt angewiesen bin, dass ich kein Schweizerdeutsch verstehe, dass es nichts bringt, wenn man im Schneckentempo spricht oder mich anschreit und so weiter. Darum hatte ich nie Berührungsängste gegenüber Hörenden, sonst hätte ich ja auch nicht studieren oder einen hörenden Mann heiraten können.

Zwischen zwei Welten »surfen« zu dürfen, das ist für mich ein Gewinn: Die Welt der Gehörlosen ist sehr spannend. Wir sind alle eng miteinander vernetzt, da wir Schicksal und Identität als Gehörlose teilen. Wer die Gebärdensprache spricht, ist stolz darauf und setzt sich mit Herzblut für sie ein. Das vereint uns. Ich genieße es deshalb sehr, unter Gebärdensprachfreunden und -freundinnen zu sein. Ebenso brauche ich die Gesellschaft der Hörenden. Sie zeigen mir immer wieder Aspekte des Lebens auf, denen ich unter Gehörlosen weniger begegne: Ich denke da an gewisse Bereiche der Kultur, aber auch ans Klettern.

Ja, Kunst und Bewegung sind zentral für mich. Ich bin ein Bewegungsmensch. Und das Tanzen vereinigt beides

*Ich hatte nie Berührungsängste gegenüber Hörenden, sonst hätte ich ja auch nicht studieren oder einen hörenden Mann heiraten können.*

in idealer Weise miteinander. Was gibt es Schöneres? Beim Tanzen kann ich die Harmonie von Körper und Rhythmus spüren und manchmal sogar Musik erleben, obwohl ich sie nicht höre. Den Rhythmus nehme ich über die Vibrationen des Bodens wahr und setze ihn in Bewegung um. Der bisherige Höhepunkt meiner Tanzkarriere war das Projekt »LISTEN«, dessen Vorstellungen im Sommer 2013 über die Bühne gingen. »LISTEN« war eine Koproduktion der Theatertruppe »TheaterTraum«, zu der ich schon seit Jahren gehöre, des Choreografen Kinsun Chan und des Basler Komponisten und Perkussionisten Fritz Hauser. Das Tanzprojekt stellte das Erkunden unserer Fähigkeit oder Unfähigkeit zu hören in den Vordergrund. Hörende mögen ja physisch dazu in der Lage sein, aber hören sie auch wirklich zu? Wo sind ihre Gedanken, wenn jemand mit ihnen spricht? Wollen sie die Ansichten der anderen überhaupt hören oder wissen sie ohnehin besser, was richtig ist? Gehörlose können nicht hören – wie wirkt sich das aus? Was verpassen sie?[5] Die Theaterarbeit und ganz besonders das Tanzen erfüllen mich zutiefst.

Ich male auch, und ich organisiere hin und wieder Ausstellungen, wo ich meine Bilder einem breiteren Publikum zeige und verkaufe, aber leider nimmt das sehr viel Zeit in Anspruch. In meinem Atelier hier in unserem Bauernhaus entwerfe ich zudem Hornschmuck und Holzmöbel, die Moritz dann herstellt (er hat einen Kurs für das Arbeiten mit der Motorsäge besucht und kann besser damit umgehen als ich). Außerdem biete ich, ähnlich wie eine offene Werkstatt, Kurse für Interessierte an: Leute aus dem Dorf können mit mir zusammen ihre eigenen Ideen entwickeln. Ich zeige ihnen zum Beispiel, wie sie mit verschiedenen Materialien arbeiten und Schmuck oder andere Gegenstände herstellen können.

*Und stört es dich nicht, mit ihnen Lautsprache sprechen zu müssen?*

Nein. Ich bin dankbar, dass ich die Lautsprache so gut beherrsche. Sie öffnet mir viele Wege und gibt mir Freiheiten und Möglichkeiten, die ich ohne sie nicht hätte. Trotzdem ist die Gebärdensprache meine Lieblingssprache. Sie ist eine Bereicherung. Das richtige Gleichgewicht zwischen den beiden Sprachen – das ist es, worauf es ankommt!

### Anmerkungen

1 Im Sommer 2014, ein Dreivierteljahr nach dem Gespräch, hat Corina Arbenz eine Stelle als Heilpädagogin an der Regelschule Langnau am Albis angetreten.
2 Heute Zentrum für Gehör und Sprache Zürich (ZGSZ).
3 Zentrum und schweizerische Schule für Schwerhörige.
4 Ein dreiteiliges Gemälde oder eine dreiteilige Tafel, in der christlichen Kunst oft für den Altar verwendet.
5 Diese Zusammenfassung des Projekts »TheaterTraum« basiert auf Angaben der Homepage www.theatertraum.ch.

# Der Mailänder Kongress von 1880

Wie sollen gehörlose Kinder unterrichtet werden? In Lautsprache? In Gebärdensprache? Oder in beiden Sprachen? Dieser Sprachenstreit hat seinen Ursprung schon in der zweiten Hälfte des 18. Jahrhunderts. Die wohl wichtigsten Namen jener Zeit im Zusammenhang mit der Schulung von tauben Kindern sind Samuel Heinicke in Deutschland und Abbé de l'Epée in Frankreich. Vereinfacht gesagt setzte Abbé de l'Epée dabei auf Gebärden, während Heinicke die Lautsprache als Basis für die sprachliche Begriffsbildung annahm. 1880 mündete dieser Sprachenstreit schließlich, anlässlich des Mailänder Kongresses (eigentlich: »Zweiter internationaler Taubstummenlehrer-Kongress«), in einschneidende Beschlüsse. »Geladen waren hörende und einige taube Pädagogen aus Europa und den USA. Gemeinsam diskutierten diese Fachleute über die Vor- und Nachteile der Oralen vs. Gebärdensprachlichen Unterrichtsmethode. Die *hörenden* Fachleute (lediglich die hörenden und nicht die tauben Teilnehmer hatten ein Wahlrecht) stimmten über die, für Taube zu bevorzugende, Unterrichtssprache ab.«[1]

Die hörenden Teilnehmer des Kongresses beschlossen, dass die Lautsprache – die ihrer Auffassung nach der Gebärdensprache überlegen war – in Unterricht und Erziehung der Gehörlosen gegenüber der Gebärdensprache bevorzugt werden müsse und dass in der Spracherziehung einzig lautsprachliches Sprechen und Lippenlesen zum Ziel, einem tieferen Verständnis von Sprache, führen könne. Diese Mailänder Beschlüsse wurden erst 2010 im Rahmen des International Congress on the Education for the Deaf in Vancouver außer Kraft gesetzt, das heißt, während 130 Jahren blieb die Gebärdensprache aus Bildung und Erziehung der gehörlosen Menschen verbannt. Eine höchst folgenschwere Entwicklung, denn sie führte dazu, dass die meisten Gehörlosen in vielen Ländern von einer höheren Bildung ausgeschlossen waren und deshalb auch keinen Einfluss auf Entscheidungsprozesse in Bildung und Politik nehmen konnten. Sie hatten kaum Möglichkeiten, beruflich Karriere zu machen oder sich ihren persönlichen Fähigkeiten und Neigungen entsprechend zu entfalten.

#### Anmerkung

1 Simone Bräunlich, *Kommunikationsbarriere als Ursache für die psychischen Störungen der Gehörlosen*, Bachelorarbeit, Hamburg 2011, S. 19f.

# Paul von Moos

*geboren 1941*

Paul von Moos ist das älteste der sieben Kinder
von alt Bundesrat Ludwig von Moos. Schon
als fünfjähriges Kind wurde er in der Taubstummenanstalt Hohenrain im Kanton Luzern (heute
Heilpädagogisches Zentrum Hohenrain) untergebracht, damit er sich später möglichst
gut in der Schule zurechtfinde. Elf Jahre blieb er in
diesem Internat. Danach schnupperte er in
mehreren Firmen und entschied sich schließlich
für eine dreijährige Sattlerlehre. Nach
deren Abschluss zog er für neun Monate nach
München, ehe er seine neue Stelle bei
der Bundesverwaltung antrat, die er bis zu seiner
Pensionierung innehatte. In München
befasste er sich erstmals intensiv mit der Gebärdensprache, für die er sich nun schon seit
Jahrzehnten in verschiedensten Gremien engagiert.
Er ist verheiratet und hat einen Sohn und eine Tochter.

Ich wurde am 7. Juni 1941 in Sachseln (Kanton Obwalden) als erstes von sieben Kindern geboren. Josef, der Zweitjüngste, und ich sind gehörlos (▶ 15, 17). Warum? Da kann ich nur Vermutungen anstellen: Wahrscheinlich handelt es sich um eine vererbte Gehörlosigkeit.

Mein Vater, Ludwig von Moos (1910–1990), war erst Gemeindeschreiber, dann Gemeinderat und später Gemeindepräsident von Sachseln. 1941, in meinem Geburtsjahr, wurde er in den Kantonsrat und 1946 in den Regierungsrat gewählt, wo er bis 1959 blieb, vier Jahre davon als Landammann des Kantons Obwalden. Es folgte die Wahl in den Ständerat und schließlich in den Schweizer Bundesrat (1959–1971). In den Jahren 1964 und 1969 amtierte er als Bundespräsident. Er kletterte also während meiner Kindheit Sprosse um Sprosse die Karriereleiter hoch. Da blieb im Alltag für uns Kinder manchmal wenig Zeit, zu wenig für unser Empfinden. Umso mehr genossen wir die seltenen Gelegenheiten, wenn er mit uns spielte und plauderte. Josef und mich konnte er allerdings nicht gut verstehen, und so kamen wir gegenüber den hörenden Geschwistern manchmal etwas zu kurz.

*Auch während der Mahlzeiten lief oft das Radio, und wir Kinder mussten dann ganz still sein. War das langweilig! Auch für die hörenden Geschwister übrigens.*

Meine Mutter, Helena Regina, war Schneiderin, Krankenschwester und Hausfrau. Besonders lieb ist mir die folgende, bruchstückhafte Erinnerung an sie: Sie nimmt mich in ihre Arme und trägt mich eigenhändig zum Bahnhof. Ich bin wohl sehr krank, denn wir fahren nach Luzern zum Arzt. Oder bringt sie mich ins Spital? Das weiß ich nicht mehr, aber an den Heimweg in ihren Armen erinnere ich mich gut. Ich muss etwa vier oder fünf Jahre alt gewesen sein.

Meine Kindheit spielte sich an zwei völlig getrennten Schauplätzen ab: zum einen zu Hause in Sachseln, zum andern in der Taubstummenanstalt Hohenrain im Kanton Luzern, wo ich als fünfjähriges Kind untergebracht wurde. Das bedeutet, dass die meisten Erinnerungen an meine Familie

Ferienerlebnisse sind, die Weihnachten, Neujahr, Ostern oder Sommerferien betreffen, denn nur zu diesen Zeiten durfte ich nach Hause.

So begleitete ich manchmal meine Schwester Annamarie zur Schule in Sachseln, wo die Ferien entweder noch nicht begonnen hatten oder bereits zu Ende waren. Dort unterhielt ich die Kinder mit meinen lustigen Grimassen: Ich wackelte mit den Ohren oder klappte die Augenlider rauf. Noch heute werde ich von der Sachsler Schulklasse zu ihren Treffen eingeladen. Oder ich ging, ebenfalls mit Annamarie, in der Landwirtschaftlichen Genossenschaft Lift fahren; das war nämlich der einzige Lift weit und breit.

Schön waren natürlich auch die Familienferien im Sommer, die wir immer in den Bergen verbrachten, so etwa auf der Alp Älggi, die genau im Zentrum der Schweiz liegt (sie wurde 1988 als geografischer Mittelpunkt der Schweiz ermittelt). Da konnten wir Kinder herrlich spielen, während sich der Vater mit Zeichnen und Malen von den Strapazen der Politik erholte.

Und ich erinnere mich, wie ich als etwa siebenjähriger Bub meinen Vater einmal in seinem Büro in Sarnen besuchen ging, knapp fünf Kilometer, zu Fuß, auf dem Rücken einen geflochtenen Kratten und darin alte Zeitungen. Ob ich dachte, darüber werde er sich bestimmt besonders freuen, da er doch immer so fleißig Zeitungen las und Nachrichten hörte? Er war jedenfalls mehr überrascht als erfreut... Ja, die Nachrichten nahmen in seinem Leben einen wichtigen Platz ein. Auch während der Mahlzeiten lief oft das Radio, und wir Kinder mussten dann ganz still sein. War das langweilig! Auch für die hörenden Geschwister übrigens. Noch langweiliger aber für meinen Bruder und mich, wenn am Familientisch diskutiert wurde, was häufig der Fall war. Denn wir verstanden ja nichts, blieben ausgeschlossen, und niemand nahm sich die Zeit, uns zu erklären, was besprochen wurde. Ähnlich erging es uns im Got-

*Zweimal nämlich wurden Josef und ich in Begleitung der Eltern von einem Chauffeur in einer schwarz glänzenden Staatskarosse – ich glaube, es war ein Cadillac – ins Internat gefahren. Ein wahrhaft triumphaler Einzug!*

tesdienst: Spannend war er zwar für keines der Kinder, da er in Latein abgehalten wurde, aber Josef und ich hörten ihn nicht einmal und fühlten uns deshalb ganz und gar isoliert, und das ausgerechnet in der Kirche.

Wer jetzt denkt, wenigstens hätten wir zwei gehörlosen Brüder uns immer in Gebärden verständigen können, ja wir hätten vielleicht sogar eine Art Geheimsprache entwickelt, der irrt: Die Eltern sahen es nicht so gern, wenn wir mit den Händen kommunizierten. Ohne Gebärden konnten wir sprachlich aber kaum Kontakt aufnehmen. Und mit den hörenden Geschwistern war die Kommunikation ebenfalls schwierig, denn ich war ihnen lautsprachlich nicht gewachsen und wurde oft von ihnen gehänselt. Anders tönt es allerdings, wenn sie sich zurückerinnern: Wir zwei Gehörlosen hätten uns sehr wohl manchmal in Gebärden unterhalten, und *sie*, die Hörenden, seien ausgeschlossen gewesen…

Hin und wieder empfing mein Vater Politiker bei uns zu Hause. Dann wurden wir Kinder nicht etwa verbannt, sondern durften am Geschehen teilhaben, wir mussten jedoch genaue Anweisungen befolgen: still sein – das betraf wohl alle Geschwister gleichermaßen – und das Gebärden unterlassen – das betraf zusätzlich Josef und mich. Dieselben Regeln galten, wenn wir zu offiziellen Anlässen mitgenommen wurden. Ja, das kam durchaus auch vor: zum Beispiel bei einem Staatsbesuch oder als der Papst in die Schweiz kam. Wie waren wir stolz auf diese Einblicke in Vaters Welt der Politik!

Doch das Zuhause in meiner Familie war nur einer der beiden Schauplätze meiner Kindheit. Der andere war das Internat Hohenrain, wo ich mit fünf Jahren in den Kindergarten eintrat und elf lange Jahre blieb, bis zum Ende der neunten Klasse. Meine erwähnten Ferienerlebnisse ereigneten sich also verteilt über die ganze Schulzeit. Die beiden Schauplätze berührten sich kaum. Im Gegenteil: Ein weiter Weg trennte sie voneinander, auch geografisch.

Als ich in Hohenrain eintreten musste, begleitete mich meine Mutter im Zug von Sachseln nach Luzern, wo wir schließlich Abschied nahmen. Denn dort, auf dem Perron, erwarteten die Schwestern jeweils die aus allen Richtungen angereisten Kinder. Dann ging es weiter mit der Bahn nach Ballwil und von dort auf einem offenen Anhänger, gezogen von einem Traktor, nach Hohenrain. Die größeren Kinder hatten allerdings auf den Bänken im Wagen keinen Platz, sie mussten den Weg zu Fuß gehen – außer sie hatten einen hohen Politiker als Vater, so wie ich. Zweimal nämlich wurden Josef und ich in Begleitung der Eltern von einem Chauffeur in einer schwarz glänzenden Staatskarosse – ich glaube, es war ein Cadillac – ins Internat gefahren. Ein wahrhaft triumphaler Einzug!

Alle Schwestern in Hohenrain waren Ordensfrauen der Schwesterngemeinschaft Ingenbohl. Sie führten ein strenges Regime in Freizeit und Schule. Ich war, wie gesagt, erst fünf, als ich in den Kindergarten eintrat. Ich sei ein fröhliches Kind, schrieb der Direktor des Internats an meine Mutter: »[...] Sie können ruhig sein, dem Kleinen geht es gut. Er ist munter und froh und doch hat er seine gute Mama nicht vergessen. Er gibt manchmal des Tages zu verstehen, sie sei fortgegangen. Er ist aber immer fröhlich und verträgt sich gut mit seinen kleinen Kameraden [...]. Der Kleine erfreut auch Groß und Klein nicht nur durch sein freundliches Wesen, sondern auch durch seine netten Manieren. Mit der Einweisung des Kleinen in den Kindergarten haben Sie Ihrem Kind sicher eine Wohltat erwiesen, indem es nun später viel leichter sich in die Schule einordnen kann [...].«[I]

Der Unterricht war stark auf den Lautspracherwerb ausgerichtet. Im ersten Kindergartenjahr durfte ich noch meist spielen, aber schon im zweiten musste ich von den Lippen ablesen (▶ 24) und die ersten Buchstaben aussprechen lernen, zum Beispiel P und B. Und ich werde wohl nie vergessen, wie ich als Erstklässler das Alphabet vor dem Spiegel übte. Ich formte den Mund für die verschiedenen Buchstaben und versuchte die Unterschiede zu spüren (▶ 1). Für andere Fächer blieb da wenig Zeit. Die Lehrerin war streng, und es war oft schwierig, sie zu verstehen. Ich musste sehr aufmerksam sein, damit ich von ihren Lippen ablesen konnte. Das große Sprachrohr, das sie hin und wieder benutzte, war da gar keine Hilfe, und das Gebärden – es hätte uns bestimmt viel gebracht – war verboten. Die Lehrerin geizte nicht mit Strafen, wenn sie uns dabei erwischte. Ich erinnere mich an Rutenschläge auf die Hand oder an das Verbot, den Jahrmarkt in Hochdorf zu besuchen. In den Pausen aber oder in der Freizeit, wenn wir unbeobachtet waren, sprachen wir in eigenen Gebärden miteinander.

Am Sonntag gingen wir in die Hauskapelle. Der Gottesdienst fand natürlich ohne Gebärdensprache (▶ 14), nur in Lautsprache statt. Leider verstanden wir den Pater nicht gut, denn er sprach undeutlich. Nachher kehrten wir mit einer Schwester ins Schulzimmer zurück, wo sie uns abfragte. Ja, was hatte ich vom Gottesdienst mitbekommen? Nicht viel, nur einzelne Wörter: Lieber Gott, Mensch, Jesus. Aber die Schwester war zufrieden mit meiner »Zusammenfassung«. »Bravo«, sagte sie.

Nach acht Jahren bei derselben Lehrerin hatte ich genug und bat darum, für das neunte Schuljahr zu einem Lehrer versetzt zu werden. War ich froh, als ich die Klasse wechseln durfte. Den neuen Lehrer mochte ich, ich verstand ihn gut und lernte fleißig. Vor allem die Fächer Geografie und Rechnen gefielen mir sehr. So war ich motiviert und erhielt ein prima Abschlusszeugnis.

Neben dem Unterricht wurden wir Kinder in der Taubstummenanstalt auch zur Mitarbeit in Haus und Garten angehalten. Wir mussten Betten machen, Kartoffeln schälen, Kohle holen, Schnee schaufeln, Maikäfer sammeln und vieles mehr. Manchmal, wenn wir folgsam gewesen waren, unternahmen wir aber auch einen schönen Ausflug, zum Beispiel zum Jahrmarkt in Hochdorf oder zur Mädchenschule in Baldegg, die ebenfalls von Ordensschwestern geleitet wurde und wo übrigens drei meiner Schwestern zur Schule gingen. Diese Ausflüge wurden natürlich immer unter Aufsicht durchgeführt.

Wie schon erwähnt, war die Gebärdensprache in der Schule verboten. Man dachte damals, die Gehörlosen würden »sprechfaul«, wenn sie gebärden dürften, und folglich würde ihre Integration in die Gesellschaft erschwert (▶ 19). Dieses radikale Verbot geht auf den sogenannten Mailänder Kongress von 1880 zurück, an dem (natürlich lauter hörende) Pädagogen entschieden, dass gehörlose Kinder ausschließlich in Lautsprache unterrichtet werden sollen. Den Entscheid begründeten sie damit, dass die Lautsprache der Gebärdensprache überlegen sei. Eine verhängnisvolle Entscheidung, denn sie führte zu einer Einschränkung des Bildungsniveaus der gehörlosen Menschen, da sie als Kinder im Unterricht oft weniger als die Hälfte des Lernstoffes verstanden. Somit hatte der Beschluss des Kongresses negative Auswirkungen auf die Bildung und damit auf das ganze Leben von Millionen gehörloser Menschen weltweit während 130 Jahren. Erst 2010 distanzierte sich der International Congress on the Education for the Deaf in Vancouver entschieden von den veralteten Beschlüssen.

*Wir mussten Betten machen, Kartoffeln schälen, Kohle holen, Schnee schaufeln, Maikäfer sammeln und vieles mehr.*

Zurück zu meiner Ausbildungszeit. Als ich die Schule abgeschlossen hatte, schnupperte ich in verschiedenen Betrieben: in der Holzwarenfabrik in Sachseln, in der Portefeuillefabrik in Küssnacht am Rigi, in der Tonlehmfabrikation in Luzern und im Arbeitsheim Amriswil im Kanton Thurgau. Dann begann ich 1960 eine dreijährige Sattlerlehre bei der Firma Schindler in Ostermundigen (Kanton Bern). Ich hatte Glück: Der Lehrmeister war gut und sprach klar und deutlich, sodass ich viel von ihm lernen konnte. Neben der praktischen Lehre besuchte ich auch die Schule: einen Tag pro Woche die Berufsschule für Hörende und einen halben Tag die Gewerbeschule für Gehörlose. An der ersten erhielt ich Unterricht in allgemeinbildenden Fächern. Dort war es leider manchmal schwierig, die Lehrer zu verstehen. Auch hatten sie Hemmungen, mit Gehörlosen zu sprechen, hatten Angst, man verstehe einander nicht. An der zweiten besuchte ich vor allem die Berufskundefächer. Der Lehrer, der diese unterrichtete, hatte eine klare Aussprache, und ich kam mit ihm und den anderen Gehörlosen gut zurecht. Wir Schüler konnten – und durften! – uns sogar ein wenig in Gebärden unterhalten. Das gefiel mir. So schloss ich auch die Berufsschulen mit guten Noten ab.

*Es ist leider ein weitverbreitetes Vorurteil, dass Gehörlose ein bisschen dumm seien – im Englischen hieß es ja früher auch »deaf and dumb«.*

Nach der Lehre blieb ich noch bis 1965 bei der Firma Schindler. Dann entschloss ich mich, für eine Weile im Ausland arbeiten zu gehen. Mein Vater unterstützte mich bei der Stellensuche, und so kam ich schließlich bei einer Firma für Lederartikel in München unter. Neun Monate arbeitete ich in diesem Geschäft. Die Kommunikation war nicht gerade einfach, aber wenn ich langsam sprach, hochdeutsch natürlich, konnte ich mich verständigen. Und wenn man mich trotzdem nicht verstand, schrieb ich eben auf, was ich sagen wollte.

In der Freizeit machte ich beim Münchner Ortsbund und beim Sportverein München mit. In diesen Vereinen, die beide zur Kultur der Hörgeschädigten gehörten, fühlte ich mich sehr wohl. Die Kommunikation war einfach, eine Mischung von Lautsprache und Gebärdensprache – von deutscher Gebärdensprache zwar, die sich ja von der schweizerischen unterscheidet, aber das spielte eigentlich keine Rolle. Was zählte, war, dass ich überhaupt die Möglichkeit hatte, Übung im Gebärden zu erlangen. Ich hatte ja nie Unterricht in Gebärdensprache erhalten, sondern nur mal hier, mal da etwas aufgeschnappt. Auch mit der Geschichte und Kultur der Gehörlosen (▶ 21) hatte ich mich bisher nicht oder kaum befasst. Deshalb packte ich die Gelegenheit beim Schopf und belegte einen Kurs für Gehörlose zu diesem Thema an der Volkshochschule. Außerdem gab es einen Schweizer Verein, wo ich mich aber, trotz der guten Stimmung, nicht so richtig integriert fühlte. Ob sie mich, den Gehörlosen, als zurückgeblieben ansahen? Ich weiß es nicht, aber es würde mich nicht wundern. Es ist leider ein weitverbreitetes Vorurteil, dass Gehörlose ein bisschen dumm seien – im Englischen hieß es ja früher auch »deaf and dumb« ( ▶ 7)!

Wieder zurück in der Schweiz, fand ich eine Stelle bei der Bundesverwaltung im Eidgenössischen Zeughaus Seewen-Schwyz. Nach der Probezeit, die ein ganzes Jahr dauerte, wurde ich 1968 fest angestellt. Die Arbeit gefiel mir gut: Ich musste Offizierskoffer reparieren und sortieren, Sättel nähen und Ähnliches mehr. Ich hatte auch nette Kameraden, die mich gut verstanden und wie einen der ihren behandelten, wohl nicht zuletzt, weil ich sie über meine Gehörlosigkeit und alles, was damit zusammenhängt, gründlich aufklärte. Wir hatten viel Spaß miteinander, und die Missverständnisse, die manchmal entstanden, konnte ich mit Humor nehmen. Wir trafen uns auch regelmäßig in der Freizeit zum Plaudern und für Ausflüge. Ja, das war eine schöne Zeit.

Im Zeughaus Bern hingegen, wohin ich im Jahr 1971 wechselte, war die Kommunikation mit den Arbeitskollegen und mit dem Sattlermeister schwieriger, und es ergaben sich viel häufiger Missverständnisse. Aber ich arrangierte mich mit der Situation, durfte 1987 mein zwanzigjähriges Dienstjubiläum in der Bundesverwaltung feiern und harrte aus bis zu meiner vorzeitigen Pensionierung 1996. Vorzeitig deshalb, weil in der Sattlerei des Eidgenössischen Zeughauses Bern nach und nach Stellen abgebaut wurden.

Warum aber dieser Stellenwechsel 1971 nach Bern, wo mir doch die Arbeit in Seewen so gut gefallen hatte? Nun, er beruhte auf persönlichen Umständen. An Weihnachten 1971 verlobte ich mich nämlich mit Jeana Stanescu und im

Juni 1972 feierten wir Hochzeit. Zusammen beschlossen wir, nach Bern zu ziehen, da sich Jeana, die in Bukarest aufgewachsen war, auf dem Land nicht heimisch fühlte. Kennengelernt hatten wir uns fast zwei Jahre vorher, als ich zusammen mit einem gehörlosen Freund in die Ferien nach Rumänien fuhr. Dort, in Mamaia am Schwarzen Meer, trafen wir ganz zufällig am Strand eine Gruppe gehörloser Menschen, unter ihnen auch Jeana! Wunderbar. Bis wir allerdings heiraten konnten, mussten wir noch einige Hindernisse überwinden. Hindernisse sprachlicher Art? Nein, die spielten keine Rolle. Wir konnten uns von Anfang an gut verständigen mit Händen, Armen und Mimik. Aber die politischen und gesellschaftlichen Hürden waren weniger leicht zu bezwingen. Damals war ja Rumänien ein kommunistisches Land und eine Ausreise ein höchst kompliziertes Unterfangen. Zuerst musste eine offizielle Einladung her, damit Jeana mich wenigstens mal in der Schweiz besuchen konnte. Das geschafft, folgte die erste Begegnung mit meinen Eltern. Ebenfalls eine verzwickte Angelegenheit, denn sie hatten ja keine Möglichkeit, sich mit der jungen Frau zu verständigen. Und außerdem mag es für einen Schweizer Bundesrat nicht gerade einfach gewesen sein, sich auf eine Verwandtschaft mit einer Familie im Rumänien Ceausescus[2] einzulassen. Die nächste Hürde war nun die Beschaffung der für eine Heirat notwendigen Unterlagen. Unterdessen musste Jeana wieder ausreisen – aber immerhin nicht zurück nach Rumänien, sondern nur nach Hamburg. Dort fand sie für ein Dreivierteljahr bei einem gehörlosen Freund Unterschlupf und lernte fleißig Deutsch, während unsere Bemühungen weitergingen, ihre persönlichen Ausweise in die Schweiz zu holen. Endlich war auch das erledigt. Jeana kam zurück zu mir, und unserer Heirat stand nichts mehr im Weg!

Nun sind wir seit über vierzig Jahren verheiratet und haben eine Tochter, einen Sohn und zwei Enkelkinder –

alle hörend. Nur wir Eltern sind also gehörlos, was aber kaum je Anlass zu Problemen gegeben hat. Ein Erlebnis allerdings brannte sich in unser Gedächtnis ein. Das war, als unser Sohn, damals noch ein Teenager, beim Fußballspiel einen Herzstillstand erlitt und ins Spital gebracht wurde. Dieses kontaktierte aber nicht etwa uns Eltern, sondern meine Schwester, und sie war es dann, die uns verständigte. Ja, so kam zum Schock und zur Angst um unser Kind noch die Verletzung hinzu, dass wir Eltern uns nicht ernst genommen fühlten. Zum Glück ist der Sohn wieder gesund geworden.

Mit meinen Kindern habe ich immer in Lautsprache gesprochen. Sie haben sich nicht für die Gebärdensprache interessiert, schämten sich aber auch nicht, wenn wir Eltern miteinander gebärdeten, außer vielleicht einmal die Tochter, als sie in ein Ferienlager fuhr. Gut, sie war damals etwa dreizehn, in einem schwierigen Alter also, und da bat sie uns, doch bitte das Gebärden zu unterlassen, sie könnte sonst vielleicht ausgelacht werden. Unterdessen hat sie selber zwei Kinder, und wir können uns problemlos mit ihnen unterhalten, mit und ohne Gebärden. Die Tochter hat ihnen alles genau erklärt: dass wir Großeltern gehörlos sind und am liebsten miteinander in Gebärdensprache kommunizieren.

Mir ist es ein großes Anliegen, das Wissen über die Bedeutung von Gehörlosigkeit und über die Gebärdensprache zu verbreiten, nicht nur innerhalb meiner Familie, sondern in der ganzen Bevölkerung. Deshalb bin ich Mitglied in der 1998 gegründeten Interessengemeinschaft Gehörlose und Hörbehinderte (IGGH) des Kantons Bern. Für diese Interessengemeinschaft setze ich mich beim öffentlichen Verkehr in Bern und bei der SBB für Behindertentauglichkeit ein. So wurde ich zu einem Kurs von Bernmobil[3] eingeladen, um dort das Fahrdienstpersonal über Gehörlosigkeit, den Umgang mit gehörlosen Menschen und deren Verhalten im Verkehr aufzuklären. Auch in einem Kurs für Transportsanitä-

*Es mag für einen Schweizer Bundesrat nicht gerade einfach gewesen sein, sich auf eine Verwandtschaft mit einer Familie im Rumänien Ceausescus einzulassen.*

ter habe ich schon mitgewirkt, denn sie müssen wissen, wie sie sich mit gehörlosen Menschen verständigen können, wenn diese in einen Unfall verwickelt sind. Und ich trat bei TeleBärn4 auf und informierte die Zuschauer und Zuschauerinnen, wie sie sich gegenüber Gehörlosen bei einem Alarm, zum Beispiel wegen eines Atomunfalls, einer Brand- oder Lawinenkatastrophe oder einer Überschwemmung, zu verhalten hätten. Und 1999 durfte ich sogar ein kurzes Referat an der Universität Bern halten über Hörbehinderungen allgemein und über Zubehör für Menschen mit einer Hörbehinderung im Speziellen. Zudem bin ich seit über dreißig Jahren im Vorstand des Gehörlosenvereins Bern, seit 1991 amtiere ich als dessen Präsident. Wir organisieren Veranstaltungen, Vereinsausflüge und vieles mehr. Leider ist die Zahl der Mitglieder am Schwinden und das Durchschnittsalter steigt an, denn es kommen keine Jungen mehr nach.

*Wie sollen wir Gehörlosen unser Informationsdefizit abbauen? Zeitungen lesen? Die deutsche Schriftsprache ist für uns eine Art Fremdsprache.*

Ich bin auch in der Gruppe Kultur für hörbehinderte Menschen engagiert. Wir organisieren Museums- und Konzertbesuche und nehmen an diversen Veranstaltungen teil. Ja, ich könnte noch viele Aktivitäten aufzählen, will mich aber auf drei weitere beschränken: die katholische Gehörlosenkirchgemeinde Bern, denn die Gestaltung von Gottesdiensten für Gehörlose liegt mir sehr am Herzen, die Aufnahmekommission für Gebärdensprachdolmetschende, in der ich einige Jahre aktiv war, und der Verein zur Unterstützung der Gebärdensprache der Gehörlosen in Zürich, wo ich seit 1999 Beisitzer bin.

Es bleibt noch viel zu tun. Wir brauchen in der Schweiz mehr Fernsehsendungen mit Untertiteln und Gebärdensprachdolmetschenden. Die Zahl der untertitelten Fernsehsendungen in der Schweiz ist zwar in den letzten dreißig Jahren rasant gestiegen: Die erste war die Reportage über den Papstbesuch 1984, und 2013 waren es in der Deutschschweiz bereits 12 025 Fernsehstunden mit Untertitelung (▶ 34), aber das ist nur knapp die Hälfte. Und Sendungen mit Gebärdensprachdolmetschenden gibt es fast keine. Wie sollen wir Gehörlosen so unser Informationsdefizit abbauen? Zeitungen lesen? Die deutsche Schriftsprache ist für uns eine Art Fremdsprache (▶ 23). Leider hat die große Mehrzahl der Hörenden keine Ahnung, was es bedeutet, gehörlos zu sein, und welche weitreichenden Konsequenzen die Gehörlosigkeit hat. Und es gibt auch immer noch Leute, die uns »Taubstumme« (▶ 32) nennen und unsere Sprache, die Gebärdensprache, als »Affensprache« bezeichnen. Mich stört der Ausdruck »taubstumm« sehr – wir sind doch nicht *stumm!* Heute heißt es »Gehörlose«. Und von »Affensprache« kann keine Rede sein. Die Gebärdensprache ist eine vollwertige Sprache. Aufklärung tut also Not.

Kommen Sie, die Sie hören können, doch einmal an eine unserer Veranstaltungen und lassen Sie sich verzaubern von der Gebärdensprache. Sie werden fasziniert sein, wenn die Vorträge an gesamtschweizerischen Tagungen simultan in verschiedene Gebärden- und Lautsprachen übersetzt werden, und Sie werden staunen über die kulturelle Vielfalt. Plaudern Sie – in Hochdeutsch – mit gehörlosen Menschen. Wenn irgendwo Kulturtage stattfinden: Mich werden Sie dort bestimmt antreffen.

#### Anmerkungen

1. Brief des Internatsdirektors Albert Burger an Helena Regina von Moos, 22. Oktober 1946, Privatbesitz Paul von Moos.
2. Nicolae Ceausescu war von 1965 bis 1989 Diktator der Sozialistischen Republik Rumänien.
3. 2001 erhielten die Städtischen Verkehrsbetriebe Bern den neuen Namen Bernmobil.
4. TeleBärn ist ein privater Schweizer Regionalfernsehsender, zu dessen Sendegebiet die Kantone Bern, Solothurn und (Deutsch-)Freiburg gehören.

# Kultur
# der Gehörlosen

Was für Gehörlose und für alle anderen, die sich in irgendeiner Weise mit Gebärdensprache und Gehörlosigkeit befassen, selbstverständlich ist, mag bei vielen Hörenden erst einmal Verwunderung auslösen oder sie sogar irritieren: die Tatsache, dass von einer eigenen Kultur der Gehörlosen gesprochen wird. Denn sie fragen sich: Sind die Gehörlosen nicht genauso ein Teil der Mehrheitsgesellschaft wie die Menschen mit einem anderen Handicap, etwa Menschen im Rollstuhl oder mit einer Sehbehinderung? Und haben sie nicht genauso freien Zugang zur Kultur der Mehrheit? Nein, für Gehörlose ist der Zugang zu Sport, Theater, Kino, zu Vereinstätigkeit und Disco, ganz zu schweigen von Opern- und Konzertbesuchen, erschwert. Überall stoßen sie auf Barrieren, denn was sind Theateraufführungen und Kinofilme ohne Ton, Fußballtrainings ohne Sprache und Vereinstreffen, bei denen mindestens die Hälfte des Gesagten unverstanden bleibt? Wer denkt, zumindest die Literatur sei von dieser kommunikativen Barriere nicht betroffen, da das Gehör beim Lesen und Schreiben keine Rolle spielt, irrt gleich nochmals: Gehörlose lesen und schreiben immer in einer Art Fremdsprache, deren Wortschatz sie sich aktiv aneignen und pflegen müssen. Denn sie leben in einer stillen Welt und werden nicht immer und überall von sprachlichen Äußerungen berieselt. Auch in Restaurants, auf der Straße, in öffentlichen Transportmitteln und am Arbeitsplatz können Gehörlose bei Gesprächen nicht einfach mithalten und neue Bekanntschaften schließen. Aus diesem Grund bewegen sie sich gern in ihren eigenen Kreisen und sind untereinander eng vernetzt. Grundlage ihrer Gemeinschaft, die spezifische kulturelle Strukturen aufweist, ist die Gebärdensprache. Nur in dieser visuellen Sprache können sich gehörlose Menschen völlig frei verständigen, und auf Gebärdensprache basiert ihre eigene Kultur: das Gebärdensprachtheater, die Gebärdensprachpoesie, der Deaf-Slam (Poetry-Slam in Gebärdensprache) und Institutionen wie Gehörlosensportvereine, Gehörlosenpfarrämter, um nur einige zu nennen.

Die Ethnologin Anne C. Uhlig sagt in ihrer Studie zur Kultur, Kommunikation und Gemeinschaft der Gehörlosen: »Gehörlosengemeinschaften haben eine Kultur, die ihre Basis in der Visualität hat. Dementsprechend wird der Alltag eingerichtet. Gehörlosigkeit ist in dieser Gemeinschaft kein Defizit, sondern ein kulturelles Merkmal und Voraussetzung für die Mitgliedschaft.« Und ein paar Seiten weiter: »Als Gemeinschaft mit eigener Sprache, gemeinsamer Geschichte, komplexen sozialen Netzwerken und Beziehungen der Verbundenheit, eigenem Benennungs- und Wertesystem und vor allem durch die spezifische Konstruktion ihres Selbst, entspricht die Gehörlosengemeinschaft dem, was gemeinhin als ethnische Gruppe bezeichnet wird.«[1]

**Anmerkung**
1  Anne C. Uhlig, *Ethnographie der Gehörlosen,* Bielefeld 2012, S. 354 und 360.

# *Barbara Diaz*

*geboren 1985*

Barbara Diaz' Terminkalender ist immer voll: Sie arbeitet als Moderatorin und Allrounderin beim Non-Profit-Unternehmen FOCUSFIVE TV, einem Internet-Fernsehen, das Sendungen in Gebärdensprache ausstrahlt. In dieser Funktion hat sie für viele Gehörlose eine Vorbildfunktion. Wer von ihnen kennt nicht das Gesicht von Barbara Diaz? Daneben unterrichtet sie Gebärdensprache.
In ihrer Freizeit engagiert sie sich als Webmasterin im Vorstand der Berufsvereinigung der GebärdensprachlehrerInnen und GebärdensprachausbilderInnen und organisiert Anlässe für eine Selbsthilfegruppe von Familien, die in Gebärdensprache kommunizieren möchten. Barbara ist verheiratet und Mutter einer zweieinhalbjährigen Tochter.

*Vor knapp dreißig Jahren hafteten der Gebärdensprache noch viele Vorurteile an. Kaum jemand in der Schweiz wusste, dass es sich dabei um eine vollwertige Sprache handelt.*

Im Jahr 2003, dem Gründungsjahr des Senders, war FOCUS-FIVE TV »europaweit die einzige Organisation, die ein Web-TV in Gebärdensprache betrieben hat. Heute gibt es erfreulicherweise über zehn Nachahmer. FOCUSFIVE versteht sich als Brücke zwischen Hörenden und Hörbehinderten. Darum werden alle Sendungen in der Gebärdensprache ausgestrahlt und größtenteils mit Untertiteln und der Lautsprache versehen. ›Barrierefrei‹ bedeutet, dass alle Zugang zu den News, Informations-, Sport- und Kultursendungen haben sollen, egal welcher Grad von Hörbehinderung vorliegt. So sind auch Hörende herzlich zum Programm von FOCUSFIVE TV eingeladen. Die Beiträge werden durch die Initianten von FOCUSFIVE geplant, produziert und ausgestrahlt.«[1] Bei FOCUSFIVE sind derzeit fünf Leute beschäftigt: der Geschäftsführer, eine Praktikantin, eine Assistentin, eine Person, die für die Postproduction (Bearbeiten und Schneiden von Filmen) zuständig ist, und die Moderatorin und Allrounderin Barbara.

Barbara arbeitet seit 2008 bei FOCUSFIVE: die ersten beiden Jahre ehrenamtlich, danach ein Jahr für eine kleine Entlöhnung pro Einsatz und seit Januar 2014, nach einer Schwangerschafts- und Babypause, fest angestellt mit einem Pensum von zwanzig Prozent. In der ersten Zeit bedeutete das reine Knochenarbeit: Sie war für die Auswahl der Themen – fünf pro Sendung – verantwortlich, recherchierte, formulierte und bereitete sie für die Ausstrahlung vor, indem sie die Gebärden als sogenannte Glossen[2] aufschrieb. Ebenso vermerkte sie, wo sie das Fingeralphabet (▶ 9) einsetzen und wo sie ohne Mundbild gebärden musste, das heißt, ohne das Wort tonlos mitzusprechen (▶ 26). Dann übte sie die Texte ein, denn vor der Kamera musste sie auswendig gebärden, da ihr in den ersten beiden Jahren noch kein Teleprompter zur Verfügung stand. Heute sind die Abläufe professioneller, und Barbara erledigt nicht mehr alles in eigener Regie. Die Wahl der Themen und das Recherchieren leistet jemand anders, während sie nur noch für das Formulieren und Präsentieren vor der Kamera zuständig ist, das sie mittlerweile wie ein Profi des Schweizer Fernsehens macht. Aber mit einem entscheidenden Unterschied: Sie trägt ihre Informationen in Gebärdensprache (▶ 14) vor. In ihrer Muttersprache also? Nein, denn obwohl Barbara von Geburt an gehörlos (▶ 15, 17) ist, wurde sie lautsprachlich erzogen. Vor knapp dreißig Jahren hafteten der Gebärdensprache noch viele Vorurteile an: Sie sei etwas Anrüchiges, eine Art »Affensprache« sogar, und lenke vom Lautspracherwerb ab. Kaum jemand in der Schweiz wusste, dass es sich dabei um eine vollwertige Sprache handelt. Barbara wuchs also von Lautsprache umgeben auf: Italienisch zu Hause, denn ihre Eltern sind Secondos (deren Eltern in die Schweiz gezogen waren, um hier zu arbeiten), Deutsch im weiteren Umfeld und später natürlich im Kindergarten. Barbara ist die einzige Gehörlose in ihrer Familie. Großeltern, Eltern und die beiden jüngeren Schwestern sind alle hörend. Möglicherweise führte ein Sauerstoffmangel während der Geburt, verursacht durch die um ihren Hals geschlungene Nabelschnur, zur Gehörlosigkeit. Festgestellt wurde diese allerdings erst, als Barbara gut eineinhalb Jahre alt war. Sie hatte in den ersten Monaten genauso gebrabbelt wie andere Kinder und die Lippen ganz normal bewegt.[3] Dass die eineinhalbjährige Barbara noch nicht zu sprechen begann, war zunächst ebenfalls nicht weiter auffällig. Aber eines Tages beobachtete die Mutter, wie das Mädchen unbeirrt weiterspielte, obwohl sie sehr laut seinen Namen rief. Und als sie es schließlich an der Schulter packte, schien es völlig ahnungslos, erschrak und weinte. Da wurde sie hellhörig. Eigenartig. Auch wunderte sie sich über die große Angst des Kindes, als sie zum ersten Mal mit dem laufenden Staubsauger in seine Nähe kam. (Erst im Nachhinein würde sie verstehen, warum: Barbara hatte die Vibrationen des Bodens gespürt.) Die Eltern machten sich nun ernsthafte Sorgen und ließen sie untersuchen. Die Diagnose war eindeutig: Das Kind war gehörlos. Für die Mutter brach eine Welt zusammen.

Sofort wurden erste Maßnahmen zur Förderung des Lautspracherwerbs eingeleitet: Barbara erhielt zwei Hörgeräte. Diese brachten ihr allerdings wenig, sie störten sie vielmehr. Sie verstärkten nämlich den von Autos, Lastwagen und Flugzeugen verursachten Lärm, der Barbara wiederum vom Lippenlesen (▶ 24) und Artikulieren (▶ 1) ablenkte. Sprachliche Laute hingegen nahm sie nicht deutlicher wahr. Deshalb trug sie später wann immer möglich nur noch eines der Hörgeräte. Ihre heutigen guten Sprachkenntnisse hat sie jedenfalls nicht ihnen, sondern eher ihrer angeborenen Sprachbegabung zu verdanken.

Natürlich wurde auch eine Logopädin eingeschaltet. Sie arbeitete mit Barbara und leitete die Mutter an, wie sie zwischen den Therapiestunden mit Spiegel und Bildern weiterüben konnte. Das ging dann so vor sich: Die Mutter legte die Hand des Kindes an ihren Hals und rollte das R, sie machte ihm die Form des Mundes beim Bilden des S vor, bewegte Lippen und Zunge vor dem Spiegel, dabei wurde geblasen und gespuckt. Auch ganze Wörter musste Barbara so gut es ging nachsprechen, oder, genauer gesagt, Buchstabenfolgen, denn was diese bedeuteten, wusste sie oft nicht. Für unbekümmertes Spielen im Sandkasten blieb da wenig Zeit! Bald stieß noch eine Audiopädagogin (▶ 2) zum Team der Therapeutinnen – die Mutter eingerechnet –, und endlich wurde der Aufwand belohnt: Barbara sagte »Mama«. Sie machte große Fortschritte und konnte, obwohl sich ihr Resthörvermögen inzwischen kontinuierlich verschlechtert hatte, als Fünfjährige in den Regelkindergarten in Dübendorf im Kanton Zürich und zwei Jahre später in die Regelschule eintreten. In der Unterstufe ging alles gut. Die Lehrperson setzte sich sehr ein und widmete dem gehörlosen Kind viel Zeit, denn es brauchte natürlich mehr Unterstützung als seine hörenden Klassenkameradinnen und -kameraden. Dann wechselte Barbara in die vierte Klasse, und die Situation wurde zunehmend schwieriger. Die neue Lehrperson nahm wenig Rücksicht und sprach oft mit dem Rücken zur Klasse. Immer wieder wehrte sich Barbara und machte darauf aufmerksam, dass sie das Gesicht der sprechenden Person sehen müsse, um lippenlesen zu können. Doch das änderte wenig. Sie litt sehr, saß an ihrem Platz, schrieb von der Banknachbarin ab, malte irgendetwas und langweilte sich, da sie vom Lernstoff wenig mitbekam. Nur beim Schreiben von Diktaten tat sich Barbara hervor, denn sie konnte sich die Rechtschreibung der Wörter leicht merken, aber was sie bedeuteten, war ihr ein Rätsel. Sie blieben leere Worthülsen, und niemand nahm sich die Mühe, diese mit Inhalt zu füllen. So wurden Barbaras Noten immer schlechter. Sie hatte auch kaum Freundinnen und fühlte sich sehr alleingelassen. Gegen Ende der fünften Klasse weigerte sie sich schließlich, weiterhin in die Schule zu gehen. Deshalb suchten die Eltern in Gesprächen mit dem audiopädagogischen Dienst nach einer neuen Lösung, und Barbara durfte für die sechste Klasse in die private Schloss Schule Uster wechseln. Dort, in einer Kleinklasse mit nur sechs Schülern und Schülerinnen, wurde sie nun viel besser gefördert. Endlich. Und noch ein weiteres Türchen tat sich etwa zu dieser Zeit auf: Barbara kam erstmals mit der Gebärdensprache in Berührung. Sie stieß nämlich auf die vom Bayerischen Rundfunk produzierte Fernsehsendung »Sehen statt Hören«, ein Programm für Menschen mit einer Hörbehinderung, das vom Schweizer Fernsehen jeweils am Samstagvormittag ausgestrahlt wurde. Barbara verfolgte es mit größtem Interesse und verstand intuitiv recht viele Gebärden. Aber wehe, sie wurde von der Mutter erwischt: Dann wechselte diese sofort den Kanal, da sie immer noch viele Vorurteile gegenüber der Gebärdensprache hatte. Barbaras Interesse daran war jedoch geweckt, und bei einem

*Die Mutter legte die Hand des Kindes an ihren Hals und rollte das R, sie machte ihm die Form des Mundes beim Bilden des S vor, bewegte Lippen und Zunge vor dem Spiegel.*

weiteren Gespräch mit dem audiopädagogischen Dienst äußerte sie den Wunsch, mehr zu erfahren. Also wurde ein Kontakt zu einem gehörlosen Mädchen und seiner ebenfalls gehörlosen Familie eingefädelt, damit Barbara einen ersten Eindruck erhalte, wie es sich anfühlt zu gebärden.

*Die drei Mädchen hatten nämlich ihren eigenen Weg der Verständigung gefunden und eine Art Zeichensprache, eine »Geschwistersprache«, entwickelt.*

*1998 wurde die Ausstrahlung der Sendung »Sehen statt Hören« in der Schweiz trotz des lautstarken Protests der Gehörlosen ersatzlos gestrichen. Dies war mit ein Grund, warum Michel Laubacher und Stanko Pavlica FOCUSFIVE TV aufbauten, und zwar in ehrenamtlicher Arbeit und mit eigenen finanziellen Mitteln. 2003 wurde FOCUSFIVE erstmals aufgeschaltet. Heute pflegt FOCUSFIVE fünf Sparten: FOCUSNEWS, FOCUSTALK, FOCUSEVENT, FOCUSLIFE, FOCUSKIDS. Außerdem können Interessierte auf FOCUSCalendar auf eigene Veranstaltungen aufmerksam machen. FOCUSKIDS richtet sich an Kinder und geht vor allem vor Weihnachten mit einem Adventskalender auf Sendung. An jedem Tag im Advent kann ein Türchen geöffnet und eine neue Folge einer Weihnachtsgeschichte – natürlich in Gebärdensprache – verfolgt werden. Produziert werden die Sendungen mit gehörlosen Kindern und Jugendlichen, zum Beispiel 2013 mit Pauline Rohrer (siehe S. 64) oder 2012 mit Schülerinnen und Schülern der Sek3 in Zürich Wollishofen, einer Schule für Gehörlose und Schwerhörige.*

Gegen Ende der sechsten Klasse machte Barbara eine Aufnahmeprüfung für die Oberstufe. Aber eigentlich wollte sie gar nicht in die normale Realschule übertreten. Sie war es leid, sich ständig überfordert und unverstanden zu fühlen und gehänselt zu werden. Daher begehrte sie so lange auf, bis ihre Eltern nach einer Alternative Ausschau hielten. Schließlich durfte sie im Landenhof (Zentrum und schweizerische Schule für Schwerhörige, Kanton Aargau) schnuppern. Und sie war begeistert: Endlich nicht mehr die Einzige mit einer Hörbehinderung sein, endlich nicht mehr auffallen, endlich Verständnis spüren. Der Wechsel in diese Spezialschule bedeutete allerdings einen Bruch mit dem bisher beherzigten Konzept der Integration. Trotzdem war Barbara immer noch genug gefordert, denn am Landenhof wurde die Gebärdensprache im Unterricht nicht eingesetzt, da er sich nicht in erster Linie an gehörlose Kinder richtet, sondern, wie sein Name sagt, an solche, die »nur« schwerhörig sind. Neu für Barbara war auch, dass sie intern untergebracht war. Ihren Eltern bereitete dieser Schritt Mühe, sie hingegen – sie hatte es ja selber so gewünscht – war glücklich darüber. Am liebsten wäre sie sogar übers Wochenende in der Gesellschaft der Jugendlichen geblieben. Sie fühlte sich zum ersten Mal verstanden und akzeptiert, ja richtig beliebt. Rückblickend nennt sie es gar einen »Schock«, wenn auch einen positiven, den sie damals bekommen habe! Auf jeden Fall aber war es eine völlig neue, wunderbare Erfahrung. Gewiss, die Eltern hatten sich immer mit großem Einsatz um sie gekümmert, die Beziehung zu ihnen war jedoch, wie bei den meisten in diesem Alter, von Rebellion und Ablösung geprägt. Und von den Schwestern trennte sie der Altersabstand: Sie sind zwei beziehungsweise neun Jahre jünger – fast eine Ewigkeit für eine Dreizehnjährige. Rückblickend sagt Barbara, vermutlich sei auch die Kommunikation zwischen ihnen eingeschränkt gewesen, an echte Diskussionen könne sie sich jedenfalls nicht erinnern, was sie damals allerdings nicht realisiert habe. Die drei Mädchen hatten nämlich ihren eigenen Weg der Verständigung gefunden und eine Art Zeichensprache, eine »Geschwistersprache«, entwickelt.

Die Oberstufe im Landenhof gliedert sich in Real-, Sekundar- und Bezirksschule. Barbara hatte einen Test machen müssen, der ergab, dass sie die Anforderungen für die leistungsorientierteste Stufe, die Bezirksschule, zwar erfüllte, aber nur ganz knapp. Deshalb wurde ihr empfohlen, die Sekundarschule zu wählen. Das sei vermutlich die richtige Entscheidung gewesen, sagt Barbara heute. Sie habe ja später trotzdem einen guten Weg in der Arbeitswelt gefunden, und damals, in der Sekundarschule, sei es ihr wohl gewesen als Klassenbeste. Sie habe neben der Schule sogar noch Zeit für ihre Freundinnen und Freunde und für Futsal, die von der FIFA offiziell anerkannte Variante des Hallenfußballs, gehabt. Und in ihrem Lieblingsfach Mathematik, wo sie in ihrer Klasse unterfordert war, wurde sie mit zusätzlichem Stoff gefüttert und durfte für sich allein das Lehrbuch der Bezirksschule durchackern. Sie liebte Algebra, aber auch sonst war sie begierig nach Wissen, Information und Anregungen. Nicht weniger wichtig waren jedoch die vielen Freundschaften, die sich jetzt ganz von selbst ergaben. Darunter war ein gehörloses Mädchen, das gebärden konnte, und es dauerte nicht lange, bis auch Barbara die Gebärdensprache beherrschte. Endlich hatte sie eine Sprache gefunden, in der sie alles ausdrücken konnte, was sie bewegte. Mit dieser Freundin fuhr sie immer am Freitag zum Hauptbahnhof Zürich, wo sich beim Treffpunkt, dem blauen Würfel unter der Bahnhofsuhr, regelmäßig Gehörlose einfanden. Da Gehörlose ja nicht telefonieren können, waren sie damals noch praktisch für jeglichen Austausch auf den direkten Kontakt angewiesen. Heute, dank neuer Technologien, SMS per Handy und Social Media auf dem Computer, ist es zum Glück einfacher geworden, sich zu verabreden und auszutauschen. Barbara genoss diese Begegnungen in der Bahnhofshalle außerordentlich und lernte jedes Mal viele neue Gebärden.

*FOCUSLIFE vermittelt Einblicke in das politische und kulturelle Leben und stellt in Filmbeiträgen und Interviews Menschen vor, zum Beispiel die gehörlose französische Schauspielerin Emanuelle Laborit (Hauptdarstellerin im Film Jenseits der Stille), den nichthörenden Mimen und Kabarettisten Christoph Staerkle, der immer ohne Worte auftritt, gehörlose Sportlerinnen und Sportler, die sich in vielerlei Disziplinen hervor-*

tun (Bowling, Beachvolleyball, Tennis, Badminton, Ski), und gehörlose Berufsleute bei der Ausübung ihres Berufs, zum Beispiel einen Zahntechniker oder einen Koch.

Barbara machte eine Lehre als Konditorin-Confiseurin. Ihre erste Wahl war dieser Beruf allerdings nicht. Sie hatte schon als Kind unbedingt Comiczeichnerin werden wollen, aber einerseits hätte sie dafür über Englischkenntnisse verfügen müssen und andererseits fand sich keine Ausbildungsmöglichkeit in der Schweiz. Auch ihr zweiter Berufswunsch, Dolmetscherin, blieb ein Traum, denn in der Schweiz gibt es nur Gebärdensprachdolmetscherinnen und -dolmetscher, die von der Lautsprache in die Gebärdensprache und umgekehrt dolmetschen (siehe auch S. 205), nicht aber solche, die von der einen in eine andere Gebärdensprache übersetzen. Also suchte Barbara weiter nach einem passenden Berufsweg. Damals interessierte sie sich für das kreative Gestalten mit Material – vor der Arbeit mit Menschen hatte sie noch zu viel Respekt wegen der Kommunikationsprobleme, die sie sich aus ihrem Leben schlicht nicht wegdenken konnte. Also schnupperte sie als Reprografin, Zahntechnikerin, Schriften- und Reklamegestalterin, Malerin, Konditorin-Confiseurin und entschied sich für das Letztere. Zwar wollte sie eigentlich nicht mit Lebensmitteln arbeiten, aber die Schnupperlehre gefiel ihr gut, und außerdem eröffneten ihre Eltern etwa zu dieser Zeit eine Gelateria. Sie nahm also in Uster ihre Lehre auf und besuchte in Oerlikon die Berufsschule für Hörgeschädigte – in einem Nebensatz bemerkt Barbara: »›Hörgeschädigte‹, das Wort stört mich, ich bin doch nicht *geschädigt*...« Nach dem Abschluss der Lehre, da war sie neunzehn, arbeitete sie erst einmal im Betrieb ihrer Eltern mit. Aber sie wollte auch Erfahrung in ihrem erlernten Beruf sammeln und wechselte nach zwei Jahren zur Confiserie Honold am Rennweg in Zürich. Dass sie diese Stelle an bester Adresse erhielt, hatte sie sich selber zu verdanken. Sie hatte nämlich bei ihrer Abschlussprüfung als Confiseurin die besten Noten

*Da Gehörlose ja nicht telefonieren können, waren sie damals noch praktisch für jeglichen Austausch auf den direkten Kontakt angewiesen.*

geerntet und ihrem Prüfungsexperten, der bei der Confiserie Honold angestellt war, Eindruck gemacht. Als sie sich dann später dort bewarb, erinnerte er sich sofort an sie. Zudem war ihm bewusst, dass Gehörlose durch Geräusche und Gespräche weniger abgelenkt werden und sich deshalb oft besonders gut auf die Arbeit konzentrieren können. In dieser Confiserie hatte Barbara Gelegenheit, ihre Berufskenntnisse zu vertiefen, da sie in verschiedene Abteilungen – Backstube, Konditorei, Confiserie – Einblick erhielt. Trotzdem kündigte sie nach drei Jahren die Stelle, weil ihr inzwischen immer klarer geworden war, dass sie noch eine Weiterbildung machen wollte: die von der Hochschule für Heilpädagogik (HfH) in Zürich angebotene Ausbildung zur Gebärdensprachausbilderin (AGSA).

*Bilingualität, Zweisprachigkeit, das ist ein Stichwort, bei dem Barbara Feuer fängt: Ihrer Meinung nach müssen gehörlose Kinder unbedingt zweisprachig aufwachsen dürfen!*

Anstelle einer Aufnahmeprüfung werden Interessierte zu einem Gespräch über ihre Beweggründe und Ziele eingeladen und müssen einen einjährigen, vom Schweizerischen Gehörlosenbund (▶ 30) organisierten Vorkurs besuchen, der vor allem der Geschichte und Kultur der Gehörlosen gewidmet ist. Für Barbara war das allerdings alles andere als ein Müssen, denn hier lernte sie sich selber, ihre Bedürfnisse und ihre typischen, mit der Gehörlosigkeit zusammenhängenden Reaktionsweisen kennen und verstehen – eine höchst wertvolle Erfahrung. Darauf folgte die ebenso interessante zweijährige Ausbildung an der HfH. Fachleute umreißen sie folgendermaßen: »Da für Gehörlose keine leicht zugänglichen Schweizer Universitätsprogramme zur Verfügung stehen, funktioniert die Ausbildung zum Gebärdensprachausbilder (AGSA) seit 1990 als eine Art deutschschweizerisches ›Mini-Gallaudet‹. Diese Ausbildung beinhaltet verschiedene Fächer zur Gebärdensprachlinguistik sowie Kultur der Gehörlosen und es wird in Gebärdensprache unterrichtet.«[4] Anschließend erwarb Barbara an der EB Zürich, einer von der öffentlichen Hand getragenen Weiterbildungsinstitution, den eidgenössischen Fachausweis Ausbilderin.

Neben diesen Teilzeitstudien arbeitete Barbara als Moderatorin bei FOCUSFIVE TV. Ihr Weg zeichnete sich also immer klarer ab: Sie wollte sich mit Menschen und mit Gebärdensprache beschäftigen. Ganz offensichtlich hatte sie mittlerweile ihr Unbehagen in Situationen, die auf Kommunikation beruhen, völlig abgelegt. Der Einstieg bei FOCUSFIVE war ihr ohne journalistische Ausbildung oder Erfahrung gelungen – ein Sprung ins kalte Wasser. Aber nach dem ersten Schock fühlte sich Barbara pudelwohl darin.

*FOCUSEVENT berichtet über wichtige Veranstaltungen wie die Deaflympics, ein alle vier Jahre vom International Committee of Sports for the Deaf ausgetragener Wettbewerb im Gehörlosensport, über den Kongress der World Federation of the Deaf, der ebenfalls alle vier Jahre stattfindet, oder den im Mai 2013 durch den Schweizerischen Gehörlosenbund organisierten Kongress zur Bilingualität in Yverdon-les-Bains.*

Bilingualität, Zweisprachigkeit (▶ 5), das ist ein Stichwort, bei dem Barbara Feuer fängt: Ihrer Meinung nach müssen gehörlose Kinder unbedingt zweisprachig aufwachsen dürfen! Sie unterstützt das Bemühen von zwei hörenden Elternpaaren gehörloser Kinder, die Gebärdensprache zu lernen, indem sie als Gebärdensprachausbilderin zu ihnen nach Hause geht und sie in die Grundkenntnisse einführt. Angestellt ist sie dafür von »sichtbar Gehörlose Zürich«, der gemeinnützigen Dachorganisation der Gehörlosen-Selbsthilfe im Kanton Zürich. Diese Heimkurse werden von der Schule Zentrum für Gehör und Sprache Zürich finanziell unterstützt. Natürlich sind auch freiwillige Beiträge der Eltern willkommen. Die Kurse haben zum Ziel, die Gebärdensprache zu fördern. Denn Kinder und Eltern müssen möglichst früh eine gemeinsame Sprache finden, damit sich zwischen ihnen eine Beziehung entwickeln kann, die auf echter Verständigung basiert. Außerdem ist es für die sprachliche wie auch intellektuelle Entwicklung des gehörlosen Kindes wichtig, dass mit ihm schon im Babyalter in Gebärdensprache kommuniziert wird, damit nicht wertvolle Zeit verloren geht, bis es lautsprachlich geschult werden kann. Der Neurologe Oliver Sacks sagt: »Sprache muss so früh als möglich eingeführt und erworben werden, sonst kann die Sprachentwicklung für immer verlangsamt und behindert werden.«5 Wenn das Baby gehörlos ist, kann es sich bei »Sprache« nur um die Gebärdensprache handeln.

Barbara arbeitet vor allem mit den Eltern und zeigt ihnen Alltagsgebärden, damit sie diese ihren Babys spielerisch beibringen können. Übrigens dauert es meist nicht lange, bis die Eltern beim Gebrauch der Gebärdensprache von ihren Kindern überflügelt werden. Barbaras Motivation beim Unterrichten gründet auf ihrem persönlichen Erfahrungshintergrund, kennt sie doch das Gefühl nur allzu gut, in der eigenen Familie allein zu sein. Immer und immer wieder kam es vor, dass die ganze Familie um den Tisch saß und plauderte, in Lautsprache natürlich, sie aber bestenfalls eine Ahnung hatte, wovon gesprochen wurde, und dem Gespräch nicht folgen konnte. Unzählige Male versuchte sie, den anderen klarzumachen, dass sie nichts mitbekam, doch meist vergeblich. So drückte sie ihren Protest eines Tages einmal anders aus: Sie setzte einen Teddybären an ihren Platz am Tisch und verließ das Haus kommentarlos. Als die Mutter später nachfragte, antwortete Barbara: »Spielt es denn eine Rolle, wer auf meinem Stuhl sitzt: ich oder ein Teddy? Ich werde ja ohnehin nicht ins Gespräch einbezogen und kann nicht wirklich etwas dazu beitragen.« Auch heute noch, bei Festen, *gehört* Barbara nicht zur Familienrunde. Sie fragt sich, ob sie vielleicht eines Tages eine Gebärdensprachdolmetscherin mit nach Hause bringen sollte, damit es allen klar wird: »Ich brauche jemanden, der übersetzt, da ich sonst den angeregten Gesprächen nicht folgen kann. Damit sie realisieren: Ich bin auf das Lippenlesen angewiesen, und das ist nicht möglich, wenn schweizerdeutsch gesprochen wird und alle einander ins Wort fallen, wenn mehrere gleichzeitig sprechen, wenn sie nicht deutlich artikulieren und wenn ich keinen Blickkontakt herstellen kann.« (▶ 27) Die Besuche bei ihren Eltern sind also immer noch sehr anstrengend. In ihren eigenen vier Wänden, mit ihrem schwerhörigen Mann und ihrer hörenden Tochter, ist die Kommunikation nicht eingeschränkt. Ihr Mann spricht zwar nur ungern in Gebärdensprache, versteht sie aber problemlos, sodass ihn und Barbara keine Sprachbarrieren trennen. Die beiden lernten sich vor sechzehn Jahren im Landenhof kennen, und da sie damals ausschließlich lautsprachlich miteinander kommunizierten – die Gebärdensprache wurde dort ja nicht gepflegt –, spielte es sich so ein. Barbaras Mann sagt, es würde sich für ihn irgendwie seltsam anfühlen, plötzlich nur noch zu gebärden. Folglich sprechen sie in einer bunten Mischung aus Laut- und Gebärdensprache, je nach Situation und Thema. Es ist aber keine Frage für Barbara: Sie ist in der Gebärdensprache zu Hause. Natürlich braucht sie auch die Lautsprache, denn diese ist im Umgang mit den Hörenden unverzichtbar, aber sie bleibt immer ein Notbehelf. Etwas in der Lautsprache beschreiben – unmöglich! Diskutieren über gesellschaftliche Themen – wie denn? Ihre Tochter hingegen ist mit beiden Sprachen gleich vertraut. Dass sie hörend ist und nicht gehörlos, spielte für Barbara übrigens nie eine Rolle – Hauptsache gesund und glücklich. »Sie soll es einmal besser haben als ich«, sagt Barbara. Immerhin bleibt ihrer Tochter, da sie hören kann, der für Gehörlose unendlich mühsame Lautspracherwerb erspart (und ihnen als Eltern die zeitraubende Suche nach der besten Schulung und der erfolgversprechendsten Therapie). Und falls die Kleine, wie ihr Vater und einige Angehörige seiner Familie, im Laufe ihrer Kindheit schwerhörig werden sollte, so wäre sie bestens darauf vorbereitet, weil sie ja sowohl Ge-

*Es dauert meist nicht lange, bis die Eltern beim Gebrauch der Gebärdensprache von ihren Kindern überflügelt werden.*

bärden- als auch Lautsprache längst beherrscht. Sie begann übrigens außerordentlich früh, sich sprachlich auszudrücken: Schon als sie fünfeinhalb Monate alt war, gebärdete sie klar und deutlich: »MILCH«, lange bevor sie ihr erstes lautsprachliches Wort sagte: »Mama«. Barbaras Tochter hat also zwei Mutter- beziehungsweise Elternsprachen: die Gebärdensprache von der Mutter und Deutsch vom Vater. Außerdem kennt sie einige italienische Wörter von den einen, einige spanische Ausdrücke von den anderen Großeltern. Ihre Sprachkünste und vor allem ihr frühes Gebärden haben in der weiteren Familie viel zum Abbau der Vorurteile gegenüber der Gebärdensprache beigetragen. So ist vor allem die Großmutter väterlicherseits heute ganz begeistert davon. Barbaras Mutter hingegen steht dem Gebärden immer noch misstrauisch gegenüber. Sie misst der Beherrschung der Lautsprache höchste Priorität bei und denkt wohl insgeheim, die Gebärdensprache könnte das Erreichen dieses Ziels behindern – eine weitverbreitete Meinung. Barbara aber, als Anhängerin der bilingualen Erziehung, argumentiert, dass ein gehörloses Kind die Lautsprache viel leichter lernt, wenn es über eine natürliche Erstsprache, also die Gebärdensprache, verfügt.

*FOCUSTALK produziert Talkshows in Gebärdensprache mit gehörlosen Personen wie Christa Notter, die im Frühsommer 2013 als erste Gehörlose die Matura mit Gebärdensprache und Gebärdensprachdolmetschenden bestanden hat, und Jürgen Stachlewitz, dem ersten gehörlosen Moderator der Sendung »Hören statt Sehen«, der sie maßgeblich prägt; aber auch mit Hörenden, die einen Bezug zur Gemeinschaft der Gehörlosen haben, wie zum Beispiel das Komikerduo Ursus & Nadeschkin, die die Gebärdensprache immer wieder in ihr Programm einbauen, indem sie ihr Programm übersetzen lassen oder das Dolmetschen zum Thema machen. Sie selber haben die Gebärdensprache im Jahr 2006 in einem Gebärdensprachkurs in Winterthur gelernt.*

An zwei Abenden pro Woche erteilt auch Barbara Gebärdensprachunterricht in Standardkursen. Diese stehen allen Interessierten offen: Hörenden, Schwerhörigen, Lehrpersonen und zukünftigen Gebärdensprachdolmetscherinnen und -dolmetschern.

Neben ihren beruflichen Aufgaben und dem Familienleben engagiert sich Barbara als Webmasterin im Vorstand der Berufsvereinigung der GebärdensprachlehrerInnen und GebärdensprachausbilderInnen. Zudem organisiert sie einen monatlichen Familientreff. Die Gruppe steht allen offen, egal ob gehörlos oder hörend, das heißt, es nehmen hörende Eltern mit gehörlosen Kindern, aber auch gehörlose Eltern mit hörenden Kindern teil. Hin und wieder wird ein Dolmetschdienst bestellt, damit hörende und gehörlose Eltern miteinander in Kontakt treten können.

Kein Wunder, bleibt Barbara kaum Zeit für Hobbys. Aber das sieht sie nicht als Problem, denn sie arbeitet ja sehr gern – bei FOCUSFIVE zum Beispiel.

*FOCUSNEWS war bis zum Sommer 2014 der Internet-Nachrichtenkanal von FOCUSFIVE. Berichtet wurde über Themen wie technische Neuerungen (zum Beispiel eine neue App, die Filme untertitelt), Projekte des Schweizerischen Gehörlosenbundes, Diskriminierung von Schwerhörigen und Gehörlosen auf der ganzen Welt (bei einem Besuch eines Vergnügungsparks, durch eine Fernsehgesellschaft, auf einer Flugreise, anlässlich eines Restaurantbesuchs...).*[6]

Auch Barbara hat immer wieder Verletzungen erfahren: Welche gehörlose Person kennt nicht die Situation, wenn die Hörenden ringsherum angeregt in Lautsprache plaudern, ohne Rücksicht zu nehmen? Und bittet man schließlich um eine Erklärung, bekommt man eine Zusammenfassung in wenigen Worten: »Es ging um...«, obwohl das Gespräch schon über eine halbe Stunde gedauert hat. Auch schmerzt die Erinnerung daran immer noch, wie sie als Kind manch-

*Barbaras Mutter steht dem Gebärden immer noch misstrauisch gegenüber. Sie misst der Beherrschung der Lautsprache höchste Priorität bei und denkt wohl insgeheim, die Gebärdensprache könnte das Erreichen dieses Ziels behindern – eine weitverbreitete Meinung.*

mal auf ihre Frage, ob jemand ihr erklären könne, worüber gesprochen wurde, die Antwort erhielt: »Das verstehst du ohnehin nicht.« Warum nahm sich niemand die Mühe, ihr zu erklären, was es zu verstehen gab? Heute lässt sich Barbara nicht mehr mit solchen Ausflüchten abspeisen. Selbstbewusst hakt sie nach. Ihr Hunger nach Wissen ist ungestillt. Wenn sie im Alltag oder bei ihrer Arbeit auf einen Zusammenhang oder einen Ausdruck stößt, den sie nicht kennt, dann fragt sie oder sucht selber nach seiner Bedeutung, immer und immer wieder, über Google, auf Wikipedia oder im Wörterbuch Leo. Das verstehst du ohnehin nicht – das soll man *ihr* nicht mehr sagen können (▶ 4)! Und für die Zukunft wünscht sie sich, dass gehörlose Kinder gleichberechtigt in Regelklassen aufgenommen werden. Das Stichwort heißt Inklusion: Die Vielfältigkeit der Einzelnen wird als eine Bereicherung für alle begrüßt. Hörende Kinder lernen von gehörlosen, gehörlose von hörenden, und alle lernen miteinander mit der Unterstützung von hörenden und gehörlosen Lehrpersonen (▶ 18). Das darf die Gesellschaft durchaus auch etwas kosten!

Barbara ist noch jung und hat doch schon viel erreicht: Sie hat mehrere Ausbildungen erfolgreich abgeschlossen, liebt ihre vielseitigen beruflichen Herausforderungen, ist aktiv in der Gemeinschaft der Gehörlosen und glücklich mit ihrer Familie. Dafür ist sie sehr dankbar, denn sie weiß: Es ist nicht selbstverständlich. Junge Gehörlose müssen einen steinigen Weg zurücklegen, um die richtige Schule, eine passende Lehre, eine gute Stelle zu finden. Für viele von ihnen hat Barbara, gerade als FOCUSFIVE-Moderatorin und aktive Verfechterin der Gebärdensprache, eine Vorbildfunktion. Das ist ihr sehr wohl bewusst. Gerade deswegen möchte sie ausdrücklich erwähnen, dass es sich lohnt, in schwierigen Situationen den Mut nicht zu verlieren, etwa wenn die Lehrstellensuche nicht auf Anhieb klappt, wenn man als gehörlose Person nicht ernst genommen wird oder mit dem

Chef nicht zurechtkommt. Auch sie hat manchmal auf die Zähne beißen müssen, wenn sie in ihrer Schulzeit oder Ausbildung stolperte, aber sie hat nicht aufgegeben. Sicher, sie ist mit sehr viel Durchhaltevermögen und einem harten Kopf gesegnet. Andere mögen einen weniger starken Willen haben. Genau für diese möchte sie sich einsetzen. Sie betont, die Zeit sei vorbei, in der Nichtbehinderte für Behinderte sprechen. Heute müssen Betroffene, seien das Menschen mit einer Hör-, Seh- oder Gehbehinderung, selber für sich und ihre Anliegen einstehen. Gut möglich, dass Barbara Diaz eines Tages in eine politische Partei eintritt und sich für eine gerechtere Sozialpolitik starkmacht.

#### Anmerkungen

1. www.focusfive.tv.
2. Eine Glosse ist ein Etikett für eine Gebärde und erinnert an deren Kernbedeutung. Sie besteht aus einem lautsprachlichen Wort und wird in Großbuchstaben geschrieben. Sie dient zur Identifizierung einer Gebärde, als Erinnerungshilfe und als Ordnungselement. Diese Definition basiert auf: www.sign-lang.uni-hamburg.de/projekte/slex/seitendvd/intro/glossar.htm (Abfrage 18.12.2014).
3. Hörende Kinder »durchlaufen [...] in ihrem ersten Lebensjahr ein Stadium des mündlichen Brabbelns. Interessanterweise ist dies auch bei gehörlosen Kindern der Fall; auch sie produzieren mündliches Brabbeln, das heißt, sie durchlaufen das erste Stadium des Lautspracherwerbs.« (Sonja Grieder, *Brabbeln und Babysprache*, Informationsheft Nr. 38 des Vereins zur Unterstützung der Gebärdensprache der Gehörlosen, Zürich 2002, S. 6) Neuste Erkenntnisse scheinen allerdings darauf hinzuweisen, dass Babys mit einer Hörbehinderung eher weniger brabbeln als hörende Babys.
4. Penny Boyes Braem / Tobias Haug / Patty Shores, »Gebärdenspracharbeit in der Schweiz: Rückblick und Ausblick«, in: *Das Zeichen. Zeitschrift für Sprache und Kultur Gehörloser*, 90/2012, S. 64.
5. Oliver Sacks, *Seeing Voices*, New York 2000, S. 27 (Übersetzung J. K.).
6. Aus finanziellen Gründen musste FOCUSNEWS eingestellt werden. Anders als in der Romandie und in anderen Ländern, wo die Gebärdensprachproduktionen durch den Staat oder eine öffentlich-rechtliche Institution subventioniert werden, ist das Team von FOCUSNEWS bis heute vom Goodwill der angefragten Stiftungen abhängig geblieben. Nun sucht es nach einer gesicherten, langfristigen Finanzierung.

# Diskriminierung

Wie wird Diskriminierung definiert? Wer empfindet was als diskriminierend? War es diskriminierend, dass die Gebärdensprache während 130 Jahren aus den Schulzimmern verbannt wurde? Ist es diskriminierend, wenn jemand beim Gebärden unverhohlen angestarrt wird? Dass einem Gehörlosen bei einer Abschlussprüfung nicht automatisch mehr Zeit zur Verfügung gestellt wird als den hörenden Prüflingen? Auf der subjektiven Ebene ist der Begriff schwer zu fassen. Doch die Bundesverfassung enthält die offizielle Definition des Diskriminierungsverbots.

Artikel 8 Absatz 2 der Bundesverfassung bestimmt:

*»Niemand darf diskriminiert werden, namentlich nicht wegen der Herkunft, der Rasse, des Geschlechts, des Alters, der Sprache, der sozialen Stellung, der Lebensform, der religiösen, weltanschaulichen oder politischen Überzeugung oder wegen einer körperlichen, geistigen oder psychischen Behinderung.*

*Diskriminierungen von Menschen mit Behinderungen können vorliegen, wenn ein Gesetz oder ein Entscheid ausdrücklich eine Ungleichbehandlung wegen einer Behinderung vorsehen, aber auch, wenn eine allgemeine Regel nicht ausreichend Rücksicht auf die besondere Situation von Menschen mit Behinderungen nimmt. Gegen diese beiden Formen der Ungleichbehandlung (direkte und indirekte Diskriminierung) bietet die Verfassung einen besonderen Schutz.*

*Das verfassungsrechtliche Diskriminierungsverbot hat zur Folge, dass jede Ungleichbehandlung von Menschen mit einer körperlichen, geistigen oder psychischen Behinderung, welche bei der Erfüllung staatlicher Aufgaben geschieht, besonders aufmerksam geprüft werden muss. Für eine solche Ungleichbehandlung müssen besonders stichhaltige Gründe angeführt werden; eine Beeinträchtigung genügt für sich genommen nicht aus. Gelingt es nicht, rechtfertigende Gründe aufzuzeigen, liegt eine Diskriminierung vor, welche die Verfassung verbietet.«*[1]

Zehn Jahre ist es her, seit in der Schweiz das Behindertengleichstellungsgesetz (BehiG) in Kraft getreten ist, das den Gleichstellungsauftrag der Bundesverfassung konkretisiert und Maßnahmen zur Beseitigung von Benachteiligungen aufführt, und zwar vor allem in vier zentralen Bereichen:

*»So sollen Hindernisse beim Zugang zu Bauten und Anlagen sowie bei der Inanspruchnahme von Dienstleistungen, Aus- und Weiterbildungsangeboten und des öffentlichen Verkehrs beseitigt werden.«*[2]

Für Menschen mit einer Hörbehinderung ist wohl der wichtigste Punkt die Diskriminierung bei der Aus- und Weiterbildung, denn damit hängt ein erschwerter Zugang zu jeglicher Bildung, zu Wissen und Kommunikation zusammen.

»*Kommunikation ist die Grundlage jeder sozialen Beziehung. Sie ermöglicht den Wissensaustausch und die Teilhabe an einer gemeinsamen Kultur. Unser ganzes Handeln ist von Entscheidungen bestimmt, die aufgrund vielfältiger Informationen gefällt werden. Unsere Autonomie hängt in hohem Maße vom Zugang zu diesen Informationen ab. Mit dem Aufkommen des Internets und der neuen Informationstechnologien ist diese Rolle der Kommunikation für die Teilhabe am sozialen Leben und die Autonomie im Alltag immer wichtiger geworden.*

*Menschen mit Sprach-, Hör- oder Sehbehinderungen stoßen auf viele Hindernisse, die es ihnen erschweren, an den Kommunikationsprozessen teilzuhaben.*

*Die Schwierigkeiten sind je nach Kontext und Behinderung unterschiedlich. Für Menschen mit einer Hörbehinderung wird die Kommunikation in einer lauten oder schlecht beleuchteten Umgebung rasch zu einem Problem. Die meisten Gehörlosen haben weniger schriftliche Sprachkompetenzen, daher ist ein Einsatz mit Gebärdensprache hilfreich. […]*

*[Die erschwerte Kommunikation] kann zu sozialer Ausgrenzung und/oder einer starken Abhängigkeit bei der Bewältigung des Alltags führen. Doch viele dieser Hindernisse könnten abgebaut werden.*«[3]

Die Gebärdensprache ist also für viele Menschen mit einer Hörbehinderung Voraussetzung für ihre Teilnahme am gesellschaftlichen und kulturellen Leben. Und da kein Mensch wegen seiner Sprache diskriminiert werden darf und die schweizerische Bundesverfassung die Sprachenfreiheit garantiert, bedeutet das doch, dass die Gebärdensprache als eigenständige, gleichberechtigte Sprache anerkannt werden müsste, wie das 2005 der Kanton Zürich und 2013 nun auch der Kanton Genf gemacht haben.

Der Verein Humanrights.ch sagt auf seiner Informationsplattform: »Die Sprachenfreiheit bildet die Voraussetzung für viele Grundrechte: für die Meinungsäußerungsfreiheit, die Pressefreiheit, die Kunstfreiheit und so fort. Diese Freiheiten ermöglichen es zum Beispiel, eigene Anliegen im demokratischen Prozess einzubringen und für sie zu kämpfen. Die Sprachenfreiheit ist aber auch Voraussetzung für die Teilnahme am kulturellen Leben, für den

Genuss von Bildung und weitgehend auch für die Ausübung einer Erwerbstätigkeit.

In der UNO-Konvention zum Schutz von Menschen mit Behinderungen werden diese Bereiche sehr explizit ausformuliert.«[4]

### Anmerkungen

1 Faktenblatt 1 des Eidgenössischen Büros für die Gleichstellung von Menschen mit einer Behinderung, www.edi.admin.ch/ebgb (Abfrage 26.3.2014).
2 www.edi.admin.ch/ebgb › Themen der Gleichstellung › Recht (Abfrage 26.3.2014).
3 www.edi.admin.ch/ebgb › Themen der Gleichstellung › Kommunikation (Abfrage 26.3.2014).
4 Nachdem die Bundesversammlung den Beitritt der Schweiz zur UNO-BRK am 13. Dezember 2013 bejaht hatte, wurde sie am 15. April 2014 durch die Schweiz in New York ratifiziert. Mehr zur UNO-Konvention zum Schutz von Menschen mit Behinderungen siehe S. 232.

# *Patrick Mock*

*geboren 1986*

Wenn Patrick Mock sich etwas vorgenommen hat, dann findet er auch einen Weg, seinen Plan umzusetzen. Mit großer Ausdauer suchte er nach einer Lehrstelle als Konstrukteur, obwohl ihm davon abgeraten worden war (als Gehörloser solle er sich doch mit einer einfacheren Lehre begnügen), bis er schließlich bei der Firma RUAG Aviation in Emmen im Kanton Luzern fündig wurde. Ebenso beharrlich verfolgt er jetzt das Ziel, sich weiterzubilden. Als er an der Wirtschaftsinformatikschule Schweiz nicht aufgenommen wurde mit der Begründung, Gehörlose würden nicht akzeptiert, entschied er sich, die Aufnahmeprüfung an der Berufsschule für Hörgeschädigte in Zürich Oerlikon zu machen, um dort die Berufsmatur zu erwerben. Längerfristiges Ziel: ein Studium an einer Fachhochschule!

Hochdeutsch sprechen, Blickkontakt herstellen, normale Lautstärke verwenden, den eigenen Mund nicht verdecken – das sind einige der wichtigsten Kommunikationsbedingungen (▶ 27), die Hörende beachten müssen, wenn sie mit Gehörlosen sprechen. Patrick Mock würde diesen Regeln folgende Bitte voranstellen: Hörende sollen sich nicht abschrecken lassen, mit Gehörlosen Kontakt aufzunehmen und sich mit ihnen zu unterhalten. Denn noch wichtiger als das Befolgen aller Verhaltensmaßregeln ist es doch, dass überhaupt eine Begegnung zustande kommt, anstatt dass Hörende einen Bogen um Gehörlose machen oder ein Gespräch gleich wieder abbrechen, sobald jemand erwähnt, er oder sie sei gehörlos.

Erst kürzlich erlebte Patrick diese Situation: Eine ältere Frau suchte in einem Geschäft nach einem bestimmten Artikel, und als sie ihn nicht finden konnte, wandte sie sich an Patrick. Wahrscheinlich fragte sie ihn, ob er wisse, wo sie nachschauen müsse. Er konnte jedoch nicht von ihren Lippen ablesen (▶ 24), da sie – so nimmt er an – schweizerdeutsch sprach. Jedenfalls antwortete er mit Stimme, sie möge entschuldigen, er habe sie nicht verstanden, denn er sei gehörlos. Aber noch bevor er sie bitten konnte, hochdeutsch zu sprechen, wandte sie sich eilends ab, irgendetwas in der Art von »Scho guet, scho guet« murmelnd. Danach war sie noch eine ganze Weile am Suchen.

Patrick kann nachvollziehen, dass Hörende Hemmungen oder sogar ein bisschen Angst davor haben, mit Gehörlosen zu sprechen, und dass sie vielleicht zu Beginn einer Begegnung etwas ratlos sind, wie sie sich verhalten sollen. Aber er betont: »Ihr Hörenden seid Menschen, wir Gehörlose sind Menschen – wenn ihr mit uns kommunizieren wollt, findet sich immer ein Weg.«

Patrick war ein normales Baby und Kleinkind, so normal wie Vater und Mutter. Er wurde taub geboren, die Eltern sind taub (▶ 15, 17) – gehörlos zu sein war normal. Familiensprache war die Gebärdensprache (▸ 14). Wenn die Eltern in Lautsprache kommunizierten, dann vor allem deshalb, weil die schwerhörige, zweieinhalb Jahre ältere Schwester möglichst oft damit in Kontakt kommen sollte. In seiner Familie war also sie die Ausnahme. »Natürlich gebärdete auch sie fließend als Kind«, sagt Patrick, »heute jedoch, da sie sich mehrheitlich unter Hörenden bewegt, hat sie sozusagen einen ›Lautsprach-Akzent‹. Trotzdem spricht sie die Gebärdensprache immer noch bestens und versteht mich mühelos, wenn ich mich mit Freunden unterhalte. Wie gut sie die Lautsprache beherrscht, kann ich natürlich nicht beurteilen.« Worin ihr Akzent besteht, ist schwierig zu fassen: Ist es die Abfolge der Gebärden, die durch die lineare Struktur[1] der Lautsprache beeinflusst wird? Sind es die Feinheiten der Mimik und Körperhaltung? Auf jeden Fall hat ihre Gebärdensprachkompetenz abgenommen, aber ist das denn verwunderlich? Wer eine Sprache, und sei es sogar die Muttersprache, wenig spricht, kommt leider aus der Übung. Aber auch wer eine Sprache erst spät lernt, wie viele Schwerhörige und einige Gehörlose die Gebärdensprache, wird darin in der Regel nicht richtig heimisch, anders als diejenigen, die damit aufgewachsen sind. Patrick spürt den Unterschied sofort: »Ich muss mich konzentrieren, wenn ich mit Menschen gebärde, die die Gebärdensprache spät erworben haben.«

Patricks Gehörlosigkeit wurde nicht gleich nach der Geburt festgestellt. Die Eltern merkten aber schon bald, dass er sich irgendwie anders verhielt, als seine Schwester das im selben Alter getan hatte, und ließen ihn untersuchen. Nach den Tests stand fest, dass der Bub gehörlos war, und der Arzt wies die Eltern darauf hin, dass ein weiteres Kind ebenfalls taub geboren werden könnte. Deshalb empfahl er der (gehörlosen) Mutter, sich unterbinden zu lassen. Man stelle sich vor: Das ist noch keine dreißig Jahre her!

Patrick begann – wie die meisten Babys – zu sprechen,

*»Ihr Hörenden seid Menschen, wir Gehörlose sind Menschen – wenn ihr mit uns kommunizieren wollt, findet sich immer ein Weg.«*

als er etwa ein Jahr alt war. Nur eben nicht mit lautsprachlichen Wörtern. Seine ersten bedeutungstragenden Gebärden waren Tiernamen: KATZE, MAUS, HUND, HASE, LÖWE. Erst als er ein paar Jahre alt war, wurde ihm bewusst, dass sich die Menschen in seinem Umfeld – Großeltern, Nachbarn, Leute auf der Straße – irgendwie von ihm und seiner engsten Familie unterschieden. Ihnen fehlte etwas. Deshalb fragte er eines Tages die Mutter, warum die anderen eigentlich nicht normal sprechen konnten, warum sie sich so seltsam verhielten. »Nicht sie sind anders, sondern wir«, antwortete die Mutter. »Wir können nicht hören.«

Patrick hat diese positive Eigenwahrnehmung – »mir fehlt nichts, ich bin gut so, wie ich bin« – bewahren können, trotz all der Steine, die ihm in Schule und Berufsausbildung in den Weg gelegt wurden. Er betrachtet sich denn auch nicht als »behindert«, »beeinträchtigt« oder gar »geschädigt«, sondern: Er wurde behindert, weil er keine seinen Fähigkeiten entsprechende Förderung erfahren hat. Zwar verordnete man ihm als Kleinkind zwei Hörgeräte, aber für die Sprachentwicklung brachten sie ihm nichts. Höchstens mit viel Glück konnte er ein diffuses Geräusch, das er immer wieder bei Begrüßungen wahrnahm, als »Hallo« identifizieren, nicht aber einzelne Laute voneinander unterscheiden. Und die logopädische Therapie, die so früh eingefädelt wurde, dass er sich gar nicht mehr an eine Zeit ohne erinnert, förderte seine intellektuellen Fähigkeiten ebenfalls nicht, denn es ging dabei ja einzig um das Artikulieren (▶ 1) und Lippenlesen (▶ 24). Auch in der Schule wurde er nicht angemessen gefördert, sondern eher gebremst mit Bemerkungen wie: »Ach, lass das. Das kannst du sowieso nicht. Du bist ja gehörlos.« Hätte es ihn nicht viel weiter gebracht, wenn man ihn angespornt hätte: »Komm schon, versuch es noch einmal – du schaffst das!«? Im Nachhinein würde er sich auch wünschen, dass er trotz Gehörlosigkeit nach dem normalen Lehrplan der Regelschule unterrichtet worden wäre und nicht nach einem Speziallehrplan für Kinder mit einer Hörbehinderung. Es kann doch nicht sein, dass für Gehörlose die Weichen gleich zu Beginn ihrer Schulzeit in Richtung Abstellgleis gestellt werden und sie deshalb kaum eine Chance haben, eine höhere Ausbildung – Fachhochschule, Universität – zu absolvieren. Der aufwendige Lautspracherwerb darf nicht dazu führen, dass andere Fächer zu kurz kommen oder ganz gestrichen werden. So war zum Beispiel Französisch in Patricks Schullaufbahn nie Pflichtfach. Nicht einmal das Fach Musik hätte seiner Meinung nach ersatzlos weggelassen werden dürfen, sondern hätte durch etwas Gebärdensprachliches, zum Beispiel Rhythmus oder Gebärdengospels, ersetzt werden sollen.

Patrick kam als Fünfjähriger, nach der Spielgruppenzeit zusammen mit hörenden Kindern am Wohnort Kriens, in den Kindergarten der Gehörlosenschule Hohenrain im Kanton Luzern. Dort, im heutigen Heilpädagogischen Zentrum Hohenrain, blieb er bis zum Ende seiner Primarschulzeit. Er pendelte mit einem Sammeltaxi zur Schule und zurück. In Hohenrain wurde damals ausschließlich in Lautsprache unterrichtet, hin und wieder unterstützt durch Zeichen und Gesten, nicht aber durch Gebärden. Die Gebärdensprache kam nur in den Pausen zum Zug, wenn sich die Kinder spontan und ungezwungen miteinander unterhielten. Und sogar dann unterbrach sie manchmal eine Lehrperson: »Sprecht doch bitte in Lautsprache. Das Gebärden ist nicht gut für euch.« Das allerdings kümmerte die Kinder kaum. Sie brauchten diese Zeiten, in denen sie sich vom Unterricht erholen konnten. Das Ablesen von den Lippen der Lehrerinnen und Lehrer, die übrigens keineswegs alle klar und deutlich sprachen, setzte nämlich immer höchste Konzentration voraus, und das wiederum führte dazu, dass die Kinder oft überfordert waren und wenig mitbekamen vom Lernstoff (▶ 4).

*Patrick hat diese positive Eigenwahrnehmung – »mir fehlt nichts, ich bin gut so, wie ich bin« – bewahren können, trotz all der Steine, die ihm in den Weg gelegt wurden.*

*Wie lernt man die Aussprache von englischen Wörtern, zum Beispiel »thought« oder »vegetables«, ohne sie zu hören?*

In Patricks Unterstufenklasse – sie waren zu fünft – war er das einzige Kind, in dessen Familie die Gebärdensprache gesprochen wurde und folglich eine natürliche, barrierefreie Kommunikationssituation für alle herrschte. Im Gegensatz zu den anderen hatte er also beim Schuleintritt sprachlich keinen Rückstand und konnte gut gebärden. So schlüpfte er häufig in die Rolle des Vermittlers und versuchte mit Zeichen oder, hinter dem Rücken des Lehrers, mit richtigen Gebärden verständlich zu machen, wovon die Rede war. Kein Wunder, dass er selber kaum auf seine Rechnung kam und seine Wissbegierde nicht gestillt wurde. Das änderte sich erst, als er einer leistungsstärkeren Klasse zugeteilt wurde. Er schätzte vor allem die Fächer Mathematik, Geometrie und Geografie und bedauert rückblickend, dass dafür so wenig Zeit zur Verfügung stand. Sprachunterricht und Logopädie machten sich umso breiter im Stundenplan: Im Fach Deutsch mussten die Kinder immer wieder seitenlange Texte abschreiben, daheim auswendig lernen und am folgenden Tag aus dem Gedächtnis zu Papier bringen. Deren Inhalt wurde nicht thematisiert, und Fragen zur Grammatik konnte der Lehrer nicht verständlich erklären. Ähnlich erging es den Kindern beim Lesen: Sie wurden ständig zum Üben angehalten, der Schwerpunkt lag jedoch einzig auf der Aussprache, nicht aber auf dem Leseverstehen oder gar auf der Grammatik. Die reine Technik des Sprechens verdrängte alles andere: Sprachtheorie, Diskussionen und Aufbau von Allgemeinwissen. Zum Glück konnte Patrick im Gespräch mit seinen Eltern vieles nachholen, was ihm in der Schule vorenthalten wurde.

Nach den sechs Jahren Primarschule absolvierte Patrick ein Übergangsjahr, ebenfalls in Hohenrain, da er die Aufnahmeprüfung an die Sekundarschule im ersten Anlauf nicht bestanden hatte. Darauf folgten drei Jahre Oberstufe an der Sekundarschule für Gehörlose in Zürich Wollishofen, der heutigen Sek3. Auf diesen Wechsel hatte er sich gefreut: weg von der Abgeschiedenheit in Hohenrain und der langweiligen Primarschule und hinein in die große Stadt, an die anspruchsvolle Sekundarschule. Im ersten Jahr pendelte er täglich von Kriens nach Zürich, dann fand sich ein Platz in einer Wohngruppe mitten in der Stadt. Patrick war glücklich. Auch dass ihn der Unterricht forderte, gefiel ihm gut. So gehörten jetzt neu Fremdsprachen zum Fächerkanon: Englisch als Pflicht- und Französisch als Freifach. Heute bereut er, dass er Französisch nach einem Jahr wieder aufgab, weil er mit dem Englischunterricht schon genug zu tun hatte. Aber wen wundert's? Wie lernt man die Aussprache von englischen Wörtern, zum Beispiel »thought« oder »vegetables«, ohne sie zu hören? Wahrlich ein hochgestecktes Ziel. Deshalb legte der Fremdsprachunterricht mehr Gewicht auf das Lesen und Schreiben als auf die Aussprache. Gegen Ende der Sekundarschule nahm dann die Lehrstellensuche viel Zeit in Anspruch. Patrick schnupperte in mehreren Branchen: in einem Labor, als Heizungsmonteur, Autospengler, Elektroniker, Hochbauzeichner und Konstrukteur. Vor allem die beiden letztgenannten Bereiche interessierten ihn. Doch bei der Berufsberatung der Invalidenversicherung wurde ihm gesagt, das Niveau dieser Berufe sei etwas gar hoch für einen Gehörlosen, er solle doch zuerst eine einfachere Lehre, etwa Verpackungstechniker, absolvieren, dann könne er nachher immer noch eine Weiterbildung anhängen. So passe das besser. – Passen, zu ihm? Die Verpackungstechnik lockte ihn doch überhaupt nicht! Also ignorierte er den Ratschlag und bewarb sich trotzdem als Hochbauzeichner und Konstrukteur. Allerdings musste er noch ein weiteres Jahr an der Sekundarschule bleiben, da er in der dritten Klasse lauter Absagen erhalten hatte. Ungefähr dreißig Bewerbungen als Konstrukteur waren es im Ganzen – gegenüber zwei Einladungen zu einer Schnupperlehre: vom Aufzugsunternehmen Schindler und später vom Technologiekonzern RUAG Aviation. Bei der Firma Schindler schien es zu klappen, denn der Lehrmeister war begeistert. Trotzdem erhielt Patrick schließlich eine Absage, da der Lehrer des Einführungskurses ihn nicht aufnehmen wollte. Begründung: Kenntnis des Schweizerdeutschen sei leider Voraussetzung für den firmeneigenen Einführungskurs. Für den Einführungskurs, nicht etwa für die Lehre! Wo lag denn da das Problem? Patrick hätte ja einen Dolmetschdienst bestellen können! Welch fadenscheiniges Argument. Also suchte er weiter, bis er ein paar Monate vor Abschluss des zehnten Schuljahres endlich das Lehrstellenangebot von der RUAG in Emmen erhielt. Froh und erleichtert sagte er zu, denn die Schnupperwoche hatte ihm gut gefallen. Die Schule beendete er darauf mit Genehmigung des Luzerner Schulamts vorzeitig. Herrlich, diese Freiheit! Patrick reiste für ein paar Tage nach Berlin und genoss danach einfach das Leben.

Die Lehre als Konstrukteur dauerte vier Jahre. Zum ersten Mal musste er sich nun als Gehörloser in der Arbeitswelt der Hörenden bewähren. Das fiel ihm nicht leicht, aber er schaffte es, denn er fühlte sich von den Vorgesetzten und Arbeitskollegen getragen und respektiert. Daneben besuchte er die Berufsschule für Hörgeschädigte in Zürich Oerlikon. Dort war er als einziger Gehörloser unter lauter Schwerhörigen ebenfalls sehr gefordert. Wie sollte er als Gehörloser etwa die Aussprache einer Fremdsprache lernen? Ohne Unterstützung der Gebärdensprache? Patrick machte die Englischlehrerin darauf aufmerksam, dass er die Wörter nicht korrekt aussprechen könne. Die Lehrerin respektierte das und erließ ihm fortan das lautsprachliche Üben. Da fragte ihn ein schwerhöriger Mitschüler, wie er später einmal mit Engländern oder Amerikanerinnen kommunizieren wolle. Patrick antwortete, er werde alles aufschreiben oder sich mit Gesten verständlich machen. So weit, so gut. Dann, anlässlich der Abschlussreise nach

»Wer möchte denn schon ›Papageiensprache‹ sprechen, wenn er die vielfältige und kreative ›Affensprache‹ beherrscht?«

Paris, saß man zusammen in einer Imbissbude, und Patrick bestellte das Essen, indem er auf die Bilder der gewünschten Artikel zeigte. Die schwerhörigen Kollegen hingegen versuchten tapfer, französisch zu sprechen, nur leider wurden sie von der Kassiererin nicht verstanden, und sie mussten schließlich, genau wie er, mit Gesten kommunizieren. Patrick konnte sich ein Lachen nicht verkneifen: Wie viel Zeit hatten sie doch im Unterricht dieser Aussprache gewidmet, und was hatte es ihnen gebracht? Sie konnten trotzdem nicht verständlich sprechen.

Übrigens: Es ist Patrick keineswegs peinlich, in der Öffentlichkeit zu gebärden, sondern er ist stolz auf seine Sprache, die »Affensprache«, wie sie hin und wieder abschätzig von den Hörenden genannt wurde, wenn er sich mit seiner Familie unterhielt – seine Schwester verstand nämlich jeweils recht viel vom lautsprachlichen Geplapper ringsherum und erzählte ihm von den abwertenden Bemerkungen. Aber, so Patrick: »Wer möchte denn schon ›Papageiensprache‹ sprechen, wenn er die vielfältige und kreative ›Affensprache‹ beherrscht?«

Patrick ließ sich in der Berufsschule nicht unterkriegen und schloss die Lehre nach vier Jahren erfolgreich ab. Danach durfte er zum Glück weiter bei der Firma RUAG bleiben, denn bei der aktuellen Wirtschaftslage hätte er auf dem Arbeitsmarkt wohl keinen leichten Stand gehabt. Außerdem hatte ihm die Arbeit immer gut gefallen. Dennoch wuchs der Wunsch in ihm, sich weiterzubilden, und er begann sich nach passenden Ausbildungsangeboten umzusehen. Von der Firma konnte er dabei keine Hilfe erwarten. Niemand wusste, wie ein gehörloser Mitarbeiter gefördert werden könnte. Patrick war also ganz auf sich allein gestellt. Er fragte sich, in welcher Fachrichtung er suchen sollte, und überlegte sich, dass er als Informatiker später Computersoftware für Gehörlose entwickeln und sich so für die Gemeinschaft der Gehörlosen einsetzen könnte. Bei der

Suche nach Weiterbildungsmöglichkeiten in der Informatik stieß er auf die Wirtschaftsinformatikschule Schweiz (WISS). Dort traf er sich, begleitet von einer Dolmetscherin, mit dem Schulleiter zu einem ersten Gespräch, und nachdem dieser seine anfängliche Unsicherheit überwunden hatte, verstanden sie sich gut. Voller Zuversicht kehrte Patrick nach Hause zurück. Bald erhielt er einen Brief, der ihm bestätigte, dass er sich an der WISS zum Informatiker umschulen lassen könne. Doch dann geschah nichts mehr. Keine E-Mail, keine weiteren Informationen, Funkstille. Auf seine Nachfrage erfuhr Patrick schließlich, dass inzwischen ein neuer Rektor gewählt worden war. Dessen Antwort war unmissverständlich: »An unserer Schule nehmen wir keine Gehörlosen auf.« Die Begründung: Technische Fachausdrücke ließen sich nicht in Gebärdensprache wiedergeben. Seltsam. Wie wollte der Rektor dies beurteilen, ohne selber gebärden zu können? Als alle Verhandlungen nichts brachten, wandte Patrick sich an Égalité handicap, eine Fachstelle für die Gleichstellung von Menschen mit einer Behinderung.[2] Aber auch dort konnte man ihm nicht helfen. Bei privaten Anbietern einer Dienstleistung sei die rechtliche Grundlage, gegen ihre Bestimmungen anzugehen, leider sehr schwach, hieß es. Okay, dachte Patrick, das muss ich wohl akzeptieren. Und er begann von neuem, nach einer Weiterbildung zu suchen. Dabei erfuhr er von der Berufsmatur an der Berufsschule für Hörgeschädigte. Dieser Abschluss würde die Weichen neu stellen: weg vom beruflichen Abstellgleis, hin zum Zugang zu allen Fachhochschulen. Also meldete er sich für den Vorkurs an, in dem Interessierte auf die Aufnahmeprüfung vorbereitet werden. Und dieser allein lohnte sich bereits, denn Patrick wurde zum ersten Mal in seiner schulischen Laufbahn von Lehrpersonen mit Gebärdensprachkenntnissen unterrichtet, und zwar gleich in zwei Fächern, Deutsch und Englisch. Nun hofft er, die Aufnahmeprüfung zu bestehen und

*Natürlich ist für Gehörlose auch die Untertitelung der Kinofilme ein Muss. Deshalb beobachten sie mit Besorgnis, dass immer weniger Filme untertitelt sind.*

die zweijährige Teilzeitausbildung machen zu können. Daneben würde er weiter bei der RUAG arbeiten.

Und die Freizeit? Patrick zieht oft los, um seine (gehörlosen) Kollegen und Kolleginnen in Zürich oder Bern zu treffen. Gemeinsam mit ihnen schwärmt er durch die Pubs, plaudert und diskutiert – natürlich in Gebärdensprache, denn sie ist seine erste Sprache und Voraussetzung für tiefer gehende Beziehungen und Gespräche. In der Lautsprache hingegen stößt er irgendwann an eine Grenze, etwa wenn sich die Diskussion um Politik oder gesellschaftliche Belange dreht. Manchmal führen Patricks Ausflüge aber auch in die weite Welt. So reiste er letztes Jahr mit einer guten, ebenfalls gehörlosen Freundin für einen Monat nach Indien – eine tolle Erfahrung. Er geht gern wandern, und es macht ihm Spaß zu kochen und fernzusehen, dies allerdings nur, wenn die Sendungen untertitelt (▶ 34) sind. Die Zahl der Schweizer Fernsehangebote mit Untertitelung ist zum Glück in den letzten Jahren rasant gestiegen, und zwar dank der Bestimmungen des Behindertengleichstellungsgesetzes, doch die Situation könnte durchaus noch verbessert werden: zum Beispiel wenn das Schweizer Fernsehen seine untertitelten Sendungen vermehrt an Privatsender weitergeben würde, selbst wenn diese nichts dafür bezahlen. Was nützt es dem SRF, auf einer Bezahlung zu beharren, um dann auf den Sendungen sitzenzubleiben? Das Nachsehen haben die Menschen mit einer Hörbehinderung, obwohl sie doch mit den Radio- und Fernsehgebühren die Untertitelung mitfinanzieren.

Natürlich ist für Gehörlose auch die Untertitelung der Kinofilme ein Muss. Deshalb beobachten sie mit Besorgnis, dass in manchen Kinos immer weniger Filme untertitelt sind. Patrick erkundigte sich bei den Kinobetreibern nach dem Grund. Die Antwort: Viele Hörende würden die Synchronisierung den Untertiteln vorziehen. – Ach so. Und wer denkt an die Gehörlosen? Wenn das Kino neben den deutschen und schweizerischen Filmen hauptsächlich synchronisierte Streifen anbietet, ist es für Gehörlose nicht mehr interessant. Als Kind schaute sich Patrick freilich manchmal Filme ohne Untertitel an, denn er liebte Trickfilme, und die waren damals natürlich nicht untertitelt. Also stellte er sich einfach vor, was die sprechende Figur wohl sagen und was sich infolgedessen abspielen mochte. Erst viel später, als er dieselben Filme wieder sah, nun aber mit Untertiteln, merkte er, dass er sich seinerzeit ganz andere, eigene Geschichten dazu ausgedacht hatte – und vor allem viel lustigere! Aber was für ein Kind Vorteile haben mag, ist für Erwachsene undenkbar. Wer möchte schon einen spannenden Spielfilm ohne Ton schauen? Untertitel sind schlicht unverzichtbar. Deshalb nimmt Patrick die Anstrengung, sie zu lesen, gern auf sich. Warum ist es denn für Hörende ein Problem? Sind sie zu bequem dazu? Eigentlich würde man doch meinen, sie hätten weniger Mühe damit, da sie ja in ihrer Muttersprache lesen können. Wie kommt es, dass Gehörlose es leichter schaffen, Bild und Text gleichzeitig aufzunehmen, obwohl Deutsch für sie eine Art Fremdsprache (▶ 20) ist, deren Wortschatz sie aktiv lernen müssen? Auch Patrick hat sich den deutschen Wortschatz über Jahre bewusst angeeignet, und wenn er über Ausdrücke stolperte, die er nicht kannte, fragte er beharrlich nach. Immerhin verfügte er mit der Gebärdensprache über eine natürliche Erstsprache und lernte Deutsch als Zweitsprache. Verglichen mit seinen ebenfalls gehörlosen Eltern ist er also privilegiert. Sie waren beide in hörende Familien geboren und ausschließlich lautsprachlich erzogen worden, sie kamen folglich erst auf dem Pausenplatz der Schule mit Gebärdensprache in Kontakt. Deshalb blieben ihre Gebärdensprachkenntnisse und ihr Vokabular eingeschränkter als bei Patrick. Wie ist es aber um ihre Lautsprachkenntnisse bestellt? Müssten sie ihm nicht wenigstens in dieser Hinsicht einen Schritt voraus sein, da sie rein lautsprachlich aufwuchsen und geschult wurden, ohne durch die Gebärdensprache »abgelenkt« zu werden? »Nein, sie haben keinen Vorsprung mehr«, sagt Patrick. »Früher ja, als ich ein kleines Kind war. Da habe ich jeweils Vater oder Mutter gefragt, wenn ich ein Wort nicht verstanden habe. Das hat sich aber geändert, als ich etwa vierzehnjährig war. Immer häufiger kamen die Eltern zu mir und baten mich um die Erklärung eines Ausdrucks oder die Übersetzung einer Wendung in einem amtlichen Brief.« Ihre orale Spracherziehung (▶ 28), die ganz auf die Verwendung von Gebärden verzichtete, scheint also nicht besonders erfolgreich gewesen zu sein. Im Gegenteil, das Verbot zu gebärden scheint sie in ihrer Sprachentwicklung behindert zu haben. Es handelt sich dabei um ein krasses Beispiel für die Diskriminierung von Gehörlosen durch Hörende, denn es waren ja lauter hörende Pädagogen gewesen, die dieses Konzept ursprünglich beschlossen hatten – anlässlich des Mailänder Kongresses im Jahr 1880 (▶ 25), genau wie es in der Schweiz bis in die jüngste Vergangenheit ausschließlich hörende Lehrpersonen waren, die die gehörlosen Kinder erzogen.

*Immerhin verfügte er mit der Gebärdensprache über eine natürliche Erstsprache und lernte Deutsch als Zweitsprache. Verglichen mit seinen ebenfalls gehörlosen Eltern ist er also privilegiert.*

Seit gut dreißig Jahren wird diese Erziehungspraxis allerdings diskutiert, und es hat sich auch schon einiges geändert. An mehreren Schweizer Schulen für Kinder mit einer Hörbehinderung, so auch in Hohenrain, arbeiten heute Lehrpersonen, die selber hörbehindert sind, und die Gebärdensprache wird im Unterricht eingesetzt. Patricks Wünsche an die Gesellschaft gehen aber darüber hinaus: Gehörlose Kinder sollen mithilfe von Gebärdensprachdolmetschenden integriert geschult werden, und zwar nicht ein Kind allein, sondern drei bis vier in einer regulären Klasse. Zudem müsste es selbstverständlich sein, dass in speziellen Einrichtungen für Gehörlose alle Lehrpersonen gebärden können. Auf jeden Fall aber ist der offizielle Lehrplan der Regelschule einzuhalten, unabhängig davon, ob es sich um eine integrative oder separative Schulung handelt.

Verletzungen kommen nicht nur im öffentlichen, sondern auch im privaten Bereich vor: »Es ist Familienfest«, erzählt Patrick, »die ganze hörende Verwandtschaft hat sich um den Tisch versammelt, isst, trinkt, plaudert, lacht vergnügt. Wir Gehörlosen sitzen dazwischen, verstehen nichts, essen, trinken, gebärden, lachen vergnügt – da schauen uns plötzlich alle an! Und jemand fragt irritiert: ›Worüber habt ihr gelacht? Patrick, übersetz bitte für uns. Ach, und überhaupt, könnt ihr nicht in Lautsprache reden, damit wir auch etwas zu lachen haben?‹« Oder es kam immer wieder vor, da plauderten die hörenden Verwandten angeregt, und wenn er fragte: »Wovon sprecht ihr?«, antwortete ihm jemand: »Ach, vergiss es, es ist nicht wichtig.« Warum bloß sprachen sie so lange darüber, wenn es doch nichts Wichtiges war? In dieser Situation habe er sich jeweils gesagt: »Was kümmert's mich, wenn ich die anderen nicht verstehe?«

Ob diese abgeklärte Reaktion des damals noch kleinen Patrick damit zusammenhing, dass er in seiner stillen Welt nicht ganz allein war, sondern gehörlose Eltern hatte, die diese Welt mit ihm teilten und ihn verstanden? Zu denen er mit seinen Sorgen und Nöten gehen konnte und die ihn ernst nahmen? Er erinnert sich, wie seine Eltern hinter ihm standen, als sich in der Sekundarschule ein Lehrer bei ihnen beschwerte: Patrick weigere sich, die Hörgeräte in der Schule zu tragen, sie mögen ihn doch bitte vom Sinn dieser Hilfsmittel überzeugen. Da die Eltern jedoch die durch die Hörgeräte produzierten unangenehmen Geräusche aus eigener Erfahrung kannten, verstanden sie gut, dass er sich wehrte. Also verschwanden die Hörgeräte für immer in der Schublade.

Auch alltägliche, unüberlegte Bemerkungen können verletzen, wie die eines Lehrers, der in Patricks Schulzeit zwei streitende gehörlose Jugendliche mit den Worten trennte: »Lasst das. Ihr seid richtig peinlich – die anderen [Hörende!] können euch hören.« Warum sind streitende Gehörlose peinlich? Weil ihre Stimme etwas ungewohnt klingt? Dürften sie denn streiten, wenn sie genauso fluchen würden wie Hörende? Warum werden Gehörlose nicht gleich wie Hörende behandelt? Weder soll man Gehörlose mit Samthandschuhen anfassen noch wie Kranke meiden oder wie Außerirdische anstarren. Ist es anständig, wenn sowohl Kinder als auch Eltern glotzen, nur weil zwei miteinander gebärden? Warum kommen Hörende nicht einfach auf Gehörlose zu und sprechen sie an, wenn sie neugierig sind oder ein Anliegen haben – anstatt hinter ihrem Rücken zu reden, wie damals während Patricks Lehrzeit, als ein Kollege zu ihm kam und sagte, nun reiche es langsam, es seien Patrick schon so viele Fehler passiert. Patrick war wie vor den Kopf gestoßen: Bisher hatte ihn keiner auf einen Fehler hingewiesen. Warum hatte es so lange gedauert, bis jemand wagte, offen zu ihm zu sein?

Hin und wieder kommt es auch vor, dass sich Gehörlose untereinander mit Neid und Missgunst begegnen: Wenn eine gehörlose Person Karriere macht, spricht sich das in ihren Kreisen rasch herum – meist mit großem Stolz. Aber nicht immer. Vielleicht weil es jemand als Verrat empfindet, wenn ein Gehörloser in der Gesellschaft der Hörenden vorankommt und sich an deren Gepflogenheiten anpasst? Oder weil befürchtet wird, er oder sie könne sich von der Gemeinschaft der Gehörlosen abwenden? Diese Angst ist kaum berechtigt, denn ihr soziales Netz ist sehr eng geknüpft (▶ 21). Wer eine höhere Ausbildung absolviert hat, stellt häufig Können und Qualifikation in den Dienst an die Menschen mit einer Hörbehinderung. Außerdem nützt es allen, wenn die Gehörlosen sich nicht abkapseln, sondern ihre eigene Kultur und ihre politischen Ziele im Austausch mit den Hörenden pflegen und verfolgen.

*Wenn er fragte: »Wovon sprecht ihr?«, antwortete ihm jemand: »Ach, vergiss es, es ist nicht wichtig.« Warum bloß sprachen sie so lange darüber, wenn es doch nichts Wichtiges war?*

Zu den politischen Zielen schreibt der Schweizerische Gehörlosenbund (▶ 30) in seiner Charta: »Gehörlose haben das Recht, die Gebärdensprache in allen Lebensbereichen einzusetzen. Die Gebärdensprache muss von Geburt an gepflegt und gefördert werden. [...] Gehörlose haben das Recht auf eine gleichwertige Bildung wie Hörende. Gehörlose haben das Recht, ihre Berufsausbildung ihren Fähigkeiten entsprechend selbst zu wählen. Der freie Zugang zu Ausbildung, Weiterbildung und Umschulungen muss garantiert sein. Gehörlose Kinder haben das Recht auf eine bilinguale Erziehung (Gebärdensprache und Lautsprache). Nur so ist der Zugang zu Wissen, Information und eine berufliche und soziale Integration möglich.«[3]

Noch sind diese Forderungen nicht Realität, aber Patrick hofft, dass die UNO-Konvention über die Rechte von Menschen mit Behinderungen (▶ 33), die am 15. April 2014 von der Schweiz ratifiziert wurde, eine deutliche Verbesserung der Situation der Gehörlosen in der Schweiz bewirkt. Doch er bleibt realistisch: »Was wird sich wohl ändern, und wie lange wird es dauern, bis diese Änderungen auch im Alltag spürbar werden?«

*Nachtrag vom Sommer 2014: Patrick hat die Aufnahmeprüfung an die Berufsmaturitätsschule der Berufsschule für Hörgeschädigte in Zürich Oerlikon bestanden. Damit sind die Weichen seiner beruflichen Zukunft neu gestellt.*

## Anmerkungen

1 Während gesprochene Sprachen linear sind – die Wörter folgen aufeinander –, verfügt die Gebärdensprache über verschiedene Komponenten, die gleichzeitig eingesetzt werden: Gebärden, Mimik, Körperhaltung, Blickrichtung – alle sind Bedeutungsträger.
2 Die Behindertenorganisationen haben sich im Juni 2014 unter dem neuen Dach »Integration Handicap« zusammengeschlossen.
3 www.sgb-fss.ch › Über den SGB-FSS › Charta (Abfrage 28.4.2014).

Lehrerin

# Der GER und die Schweizer Gebärdensprachen

Wer eine Fremdsprache lernen oder auffrischen möchte, sei das Englisch, Chinesisch oder Spanisch, muss sich bei der Wahl des Kurses für das richtige Niveau entscheiden: zum Beispiel »Englisch Aufbaukurs C1« oder »Chinesisch AnfängerInnen A1« oder »Spanisch Konversation B2«. Die Bezeichnungen A1, B2 und C1 beziehen sich auf den Gemeinsamen Europäischen Referenzrahmen für Sprachen (GER oder GeR) des Europarats. Er ist ein Instrument, das die Sprachkompetenz von Lernenden vergleichbar macht, indem für die Teilqualifikationen Leseverstehen, Hörverstehen, Schreiben und Sprechen sechs Kompetenzniveaus formuliert werden: A1, A2, B1, B2, C1, C2. A bezeichnet eine elementare, B eine selbständige, C eine kompetente Sprachverwendung. Wer in einer Fremdsprache zum Beispiel das Niveau A2 erreicht, kann Informationen des Gesprächspartners zu Person und Familie, Einkaufen, Arbeit und Wohnsituation verstehen, kann sich in einfachen Gesprächssituationen verständigen, in denen es um vertraute Dinge geht, und kann auf einfache Weise Herkunft, Ausbildung, Hobbys, unmittelbare Bedürfnisse und die direkte Umgebung beschreiben.

Das vom Schweizerischen Gehörlosenbund (SGB-FSS) (▶ 30) in Auftrag gegebene GER-Gebärdensprachen-Vorprojekt (beschränkt auf die Deutschschweizer Gebärdensprache, DSGS) markiert die Bestrebungen, auch für die Gebärdensprache einen vergleichbaren Referenzrahmen abzustecken. Es wurden die verschiedensten Unterrichtsmaterialien der Gebärdensprachkurse der Stufen 1 bis 6 des SGB-FSS gesichtet. Die Auswertung ergab, dass diese Materialien im Wesentlichen den Referenzniveaus A1 und A2 entsprechen. Die Materialien des Studiengangs Gebärdensprachdolmetschen und der Weiterbildung zum/zur GebärdensprachausbilderIn konnten noch nicht berücksichtigt werden. Sie sollen im Jahr 2015 in Angriff genommen werden. Aufgrund der bisherigen Arbeiten ist zu vermuten, dass diese Materialien den Referenzniveaus B1 und B2, eventuell in Teilen C1 entsprechen.

Der SGB-FSS plant weitere Entwicklungsprojekte für alle drei Gebärdensprachen der Schweiz innerhalb der nächsten zehn Jahre. Die Ziele sind klar: Im Sinne der Gleichstellung von Gebärdensprachen mit Lautsprachen und zur verbindlichen und zertifizierbaren Regelung von gebärdensprachlichen Bildungsangeboten ist eine Anpassung der Lehr- und Lernmaterialien für die DSGS und die anderen Gebärdensprachen der Schweiz an den GER notwendig. Ein mittelfristiges Ziel ist weiterhin das Schaffen einer Basis für einheitliche und vergleichbare Gebärdensprach-Kurskonzepte. Langfristiges Ziel bleibt schließlich die Entwicklung und Umsetzung von standardisierten Prüfungsverfahren, die Testentwicklung zur Überprüfung der erworbenen DSGS-Kompetenzen und die offizielle Anerkennung des Schweizerischen Gehörlosenbundes als Zertifizierer. Auch die Einbindung der beiden anderen Schweizer Gebärdensprachen ist geplant.

### Anmerkung

Der Text basiert auf: Patty Shores, Tobias Haug, Christiane Hohenstein und Jörg Keller, *D.23 GER Gebärdensprachen-Vorprojekt (2011–2012)*, Schlussbericht, Interkantonale Hochschule für Heilpädagogik, Zürich 2012.

# Patricia Hermann-Shores

*geboren 1961*

Patricia Hermann-Shores[1] ist eine ausgewiesene Expertin für Gebärdensprache, Gebärdensprachausbildung und -dolmetschen. Aufgewachsen in Südafrika, wanderte sie im Alter von vierzehn Jahren mit ihrer Familie nach Westkanada aus. Dort trat sie in die Alberta School for the Deaf ein, wo der Unterricht schon damals in Laut- und Gebärdensprache abgehalten wurde. Anschließend absolvierte sie ein Bachelorstudium – Pädagogik der Oberstufe und Politische Wissenschaften – an der auf gehörlose und schwerhörige Studierende ausgerichteten Gallaudet University in Washington. 1991 folgte sie ihrem Mann, den sie während eines Praktikums in Zürich kennengelernt hatte, in die Schweiz. Ein Jahr später wurde sie an das Heilpädagogische Seminar in Zürich, heute Interkantonale Hochschule für Heilpädagogik (HfH), berufen. 2008 erwarb sie einen Master of Education.

*Ich wuchs in einer höchst kommunikativen Familie auf. Es wurde geplaudert, verhandelt, diskutiert, und zwar in zwei Sprachen, da mein Vater mit Englisch, meine Mutter mit Englisch und Afrikaans aufgewachsen war.*

Patricia Hermann-Shores ist mein offizieller Name, aber eigentlich nennen mich alle Patty Shores. Seit über zwanzig Jahren bin ich an der Interkantonalen Hochschule für Heilpädagogik (HfH) in Zürich tätig. Dort habe ich die Leitung der Weiterbildung zum/zur GebärdensprachausbilderIn (AGSA, seit 1992) und die Co-Leitung des Studiengangs in Gebärdensprachdolmetschen (seit 1995) inne. Nach wie vor faszinieren und fordern mich diese Aufgaben, denn die Schwerpunkte der Arbeitsbereiche haben sich im Laufe der Zeit geändert. Als mich 1991 Katja Tissi, Ulrich Schlatter und Peter Hemmi, alle drei sehr für die Sache der Gebärdensprache (▶ 14) engagiert, zu Hause in Schaffhausen besuchten und mich baten, am Heilpädagogischen Seminar die Aufbauarbeit der zwei Studiengänge zu leiten, steckten beide Fachbereiche noch in den Kinderschuhen. 1990 hatte ein Team unter der Leitung von Ulrich Schlatter und Felix Urech mit einer ersten Klasse zukünftiger Gebärdensprachausbilderinnen und -ausbilder gestartet. Auch die Dolmetscherausbildung war noch nicht etabliert: 1986 hatte erstmals eine Gruppe von Interessierten ihr Studium aufgenommen. Es herrschte allgemeine Aufbruchstimmung. Nun sollten diese Gebärdensprach-Lehrgänge auf ein wissenschaftlich abgestütztes Fundament gestellt und klar strukturiert werden. Gesucht war deshalb eine – wenn möglich gehörlose – Person, die über Erfahrung in Gebärdensprachforschung und Didaktik des Gebärdensprachunterrichts und der Dolmetscherausbildung verfügte und Leitungsfunktionen übernehmen könnte. Diesem Profil, so war man sich einig, entsprach ich genau. Zudem war ich international vernetzt, da ich an der Gallaudet University und in Kanada studiert hatte, und ich beherrsche mehrere Gebärden- und Lautsprachen. Also ließ mir die Delegation aus Zürich keine Ruhe, bis ich zusagte.

Mein Werdegang, der mich schließlich an die Hochschule führte, war kurvenreich und kompliziert. Geboren wurde ich 1961 in Benoni (Südafrika) als jüngstes von drei Kindern. Mein ältester Bruder John und ich sind gehörlos (▶ 15, 17), William und meine Mutter sind hörend, und mein Vater ist auf einem Ohr schwerhörig. Johns Gehörlosigkeit – wie auch meine – ist genetisch bedingt und wurde erst bei seinem Eintritt in den Kindergarten offiziell bestätigt. Meine Mutter hatte allerdings schon längere Zeit etwas geahnt, und nach Williams Geburt war sie sich ganz sicher, denn er verhielt sich anders, als das John im gleichen Alter getan hatte. Sie wurde jedoch von den Ärzten immer wieder abgewimmelt. Und auch nach der Untersuchung hieß es, John sei zwar gehörlos, aber es bestehe kein Grund zur Sorge, spezielle Maßnahmen müssten nicht getroffen werden, er könne den Regelkindergarten besuchen. Dann wurde ich geboren und war ebenfalls gehörlos. Nun sagten sich meine Eltern: Wir müssen etwas unternehmen, damit unsere beiden gehörlosen Kinder schulisch auf ihre Rechnung kommen. Sie informierten sich und stellten fest, dass sich für gehörlose Kinder in ganz Benoni keine geeigneten Schulungsmöglichkeiten finden ließen. Also verkauften sie ihr schönes Haus kurzerhand und zogen von ihrer Verwandtschaft weg in das dreißig Kilometer entfernte Johannesburg. Fast zur selben Zeit begannen sie auch, ihre Auswanderung nach Kanada ins Auge zu fassen. Aber davon später mehr.

Ich wuchs in einer höchst kommunikativen Familie auf. Es wurde geplaudert, verhandelt, diskutiert, und zwar in zwei Sprachen, da mein Vater mit Englisch, meine Mutter mit Englisch und Afrikaans aufgewachsen war. Diese beiden Lautsprachen sind also meine Erstsprachen und nicht etwa die Gebärdensprache, die ja damals noch unterdrückt wurde (▶ 25). Meine Eltern unternahmen alles, um John und mir die Lautsprache zu vermitteln. Sie sprachen viel mit uns und baten auch die Nachbarn, ganz natürlich mit uns zu kommunizieren. Außerdem holte sich meine Mutter in ei-

*Vater und Mutter waren beide in Städten mit einer gut durchmischten Einwohnerschaft aufgewachsen, und nun mussten sie miterleben, wie die Rassentrennung immer mehr in diese natürlich gewachsene Bevölkerungsstruktur eingriff.*

nem amerikanischen Fernkurs, dem »John Tracy Clinic Correspondence Course for Parents of Children who are Deaf or Hard-of-Hearing«, Anregungen, wie eine optimale sprachliche Förderung anzupacken sei. So beklebte sie zum Beispiel alle möglichen Gegenstände in unserem Haus mit beschriebenen Zettelchen: *table, chair, bed, lamp,* um uns mit der Schriftsprache vertraut zu machen. Nie schlüpfte sie jedoch in die Rolle der Therapeutin, sondern versuchte ganz natürlich mit uns umzugehen. Deshalb habe ich auch keinerlei negative Erinnerungen an meinen Spracherwerb (▶ 31). Meine Mutter übernahm zudem freiwillig Betreuungsaufgaben in Johns Schule in Johannesburg, der St. Vincent School for the Deaf, und schleppte mich dabei immer mit. So ging ich schon als Kleinkind sozusagen zur Schule und wurde quasi nebenbei gefördert. Dort kam ich an Mutters Rockzipfel auch erstmals mit der Gebärdensprache in Berührung, indem ich die größeren Kinder beim Gebärden beobachtete. Außerdem zeigte mir John jeweils am Abend, was er gelernt hatte. Als ich eingeschult wurde, konnte ich folglich schon recht gut gebärden. Nicht dass mir das für den Unterricht etwas gebracht hätte, denn der wurde selbst in dieser Spezialinstitution für Gehörlose ausschließlich in (englischer) Lautsprache abgehalten. Nur in den Pausen und im Sport gebärdeten wir miteinander. Und, ganz wichtig, wir besuchten den Religionsunterricht bei dem gehörlosen katholischen Father Cyril Axelrod, der die Gebärdensprache benutzte. Da er der Vorgesetzte der Schwestern war, konnten sie es ihm nämlich nicht untersagen. So saßen sie denn zuhinterst in der Kapelle und schauten zu – völlig ahnungslos, dass er längst nicht nur vom Christentum erzählte, wie die aufgeschlagene Bibel sie glauben machte, sondern uns oft in anderen Fächern wie Geschichte und Latein unterrichtete. Wir genossen diese spannenden Stunden und lernten nebenbei die südafrikanische Gebärdensprache (SASL)[2]. Neben SASL gibt es in Südafrika übrigens noch weitere Gebärdensprachen: zum Beispiel diejenige der Gehörlosen mit niederländischen oder mit indischen Wurzeln oder die Gebärdensprache der Zulu.

Wir Geschwister wuchsen also alle mehrsprachig auf: mit Afrikaans, Englisch und SASL. Auch William, der eine andere Privatschule als John und ich besuchte, lernte – durch uns – gebärden und übernahm in der Großfamilie die Rolle des Übersetzers für uns, aber auch für die gehörlosen Verwandten meiner Mutter. Ja, Kommunikation wurde daheim großgeschrieben, in welcher Sprache auch immer. Sogar familieninterne Zeichen waren willkommen. Wichtig war einzig, dass John und ich uns weder behindert fühlten noch behindert wurden. Wegen unserer Ausbildung waren meine Eltern von Benoni nach Johannesburg gezogen, und aus demselben Grund begannen sie praktisch gleichzeitig die Auswanderung nach Edmonton in Westkanada zu planen. Warum gerade dorthin? Auf Kanada fiel die Wahl, weil es ein Commonwealth-Staat[3] war und weil die auf gehörlose und schwerhörige Studierende ausgerichtete Gallaudet University in den benachbarten USA, in Washington, lag. Auf Edmonton, weil diese Stadt für meinen im Handel tätigen Vater wirtschaftlich interessant war, aber vor allem auch, weil es dort eine ausgezeichnete Schule für Gehörlose gebe, wie eine Verwandte meinen Eltern berichtet hatte. Die fehlenden Ausbildungsangebote in Südafrika für John und mich spielten also eine zentrale Rolle, dass sich meine Eltern entschieden auszuwandern. Ein anderer Grund war das in Südafrika herrschende Apartheidregime. Vater und Mutter waren beide in Städten mit einer gut durchmischten Einwohnerschaft aufgewachsen, und nun mussten sie miterleben, wie die Rassentrennung immer mehr in diese natürlich gewachsene Bevölkerungsstruktur eingriff und Leute, die vorher friedlich zusammengelebt hatten, auseinanderriss, indem ab 1960 Millionen von Menschen, die meisten von ihnen Schwarze, aus ihren angestammten Wohngebieten in sogenannte Homelands[4] umgesiedelt wurden. Diese Situation wollten meine Eltern nicht akzeptieren und uns Kindern nicht zumuten.

Mit der Zukunftsperspektive, dass wir eines Tages alle Zelte in Südafrika abbrechen würden, wuchs ich also auf. Die Idee stand immer irgendwie im Raum. Vierzehn Jahre lang kämpften meine Eltern dafür. Wieder und wieder wurden ihre Gesuche abgelehnt, denn die kanadischen Behörden wollten keine Familie mit zwei gehörlosen Kindern aufnehmen. Sie verlangten verschiedene Nachweise, die bescheinigten, dass wir psychisch gesund und normal begabt seien (Sprach-, Intelligenz- und Verhaltenstests), und sie (er)fanden ständig neue Hürden, um uns abweisen zu können. Ich hatte mich längst an dieses Hin und Her gewöhnt und nahm das Gerede nicht mehr ernst. So genoss ich unbeschwerte Kinderjahre – bis eines Tages, als ich vierzehn war, der Visumsantrag meiner Eltern von den kanadischen Behörden angenommen wurde und die Auswanderung tatsächlich vor der Tür stand. Für meine Eltern die Erfüllung eines Traumes, ein Alptraum für mich! Denn ich war gut im Quartier und mit den Nachbarskindern vernetzt, war sehr aktiv in Freizeit und Sport, und – ja, ich hatte einen Freund, auch er gehörlos wie ich. Im Geheimen sahen wir uns schon zusammenziehen und heiraten, allerdings nicht zur Freude unserer Mütter, denen die Trennung deshalb sehr gelegen kam. Und all das sollte ich nun zurücklassen? Das durfte einfach nicht wahr sein. Aber schon flog mein Vater nach Kanada, um unsere Einreise vorzubereiten, während meine Mutter in Südafrika das Packen und den Hausverkauf in Angriff nahm. Nie werde ich die letzten Wochen vergessen, die wir in einem Wohnwagen und zuletzt bei einer Tante verbrachten, mein stundenlanges, untröstliches Weinen im Flugzeug und unsere Ankunft im winterlichen Kanada: Es war im Februar 1976. In

*In Edmonton Schneestampfen, daheim Sonnenbaden. In Edmonton kein bekanntes Gesicht außer meiner Familie, daheim Freund und Freundinnen. Eine Reise vom Tag in die Nacht.*

Edmonton vierzig Grad unter, daheim 25 Grad über Null. In Edmonton Schneestampfen, daheim Sonnenbaden. In Edmonton kein bekanntes Gesicht außer meiner Familie, daheim Freund und Freundinnen. Eine Reise vom Tag in die Nacht. Ich hatte schreckliches Heimweh. Meine Mutter versprach mir: »Wenn es dir in drei Monaten nicht besser geht, darfst du nach Südafrika zurückkehren.« Sie fühlte mit mir, da auch ihr der Wechsel schwerfiel, schwerer als meinem Vater, der immer schon viel in der Welt herumgekommen war. Ich denke heute, meine Mutter hat die mit der Auswanderung verbundenen Probleme nie ganz überwunden. Ich hingegen wollte stark sein und riss mich nach meiner anfänglichen Krise zusammen. Meine neue Schule, die Alberta School for the Deaf, half mir sehr dabei. Schon damals hatte sie sich dem Konzept des Bilingualismus (▶ 5) verschrieben und folgte dem offiziellen Lehrplan der Regelschule (das war 1976 – in der Schweiz ist heute, knapp vierzig Jahre später, dieses Konzept immer noch fast neu). Das Lehrerteam setzte sich aus gehörlosen und hörenden Lehrpersonen zusammen, und alle waren akademisch geschult. Die kanadische Gebärdensprache (CASL), eine Variante der amerikanischen Gebärdensprache (ASL), war nicht nur erlaubt, sondern wurde gefördert und zusammen mit Englisch als Unterrichtssprache verwendet. Auch Französisch gehörte zum Fächerkanon. An unserem ersten Schultag wurden John und ich vom Schulleiter in Gebärdensprache begrüßt! Wir waren sprachlos – im übertragenen *und* im wörtlichen Sinn, denn wir kannten ja nur die südafrikanische Gebärdensprache. Aber es dauerte nicht lange, bis ich auch mit CASL vertraut war. Übrigens verlangte die Schule von meinen Eltern ebenfalls, dass sie die Gebärdensprache lernten, und vor allem meine Mutter begann tatsächlich, mit uns zu gebärden! Ich blühte richtig auf. Auch in vielen außerschulischen Bereichen, zum Beispiel im Sport, setzte ich mich aktiv ein. So kam der erneute Abschied im Jahr 1979 wohl etwas früh. Rückblickend denke ich, ich hätte noch zwei Jahre warten sollen. Überraschend war der Wechsel allerdings nicht, denn mein Studium an der Gallaudet University war langfristig geplant worden, und ich hatte die Aufnahmeprüfung längst gemacht und bestanden. Ja, schon als ich noch ein Kind war, machten sich meine Eltern Gedanken über Johns und meine Hochschulausbildung, denn dass wir studieren würden, stand für sie nie zur Diskussion, die Frage war lediglich, wann und wo. Noch in Südafrika hatten sie erste Informationen über Gallaudet eingeholt, nachdem unser Zahnarzt an einem Kongress in den USA teilgenommen und ihnen von dieser einzigartigen Universität erzählt hatte. Aber bei meiner Immatrikulation war ich eben doch erst achtzehn und musste mich nun allein in dieser neuen und fremden Welt zurechtfinden, wohnte in einem Studentenheim und hatte außer meinem Bruder, der schon vor mehr als einem Jahr von der Alberta School an die Gallaudet University gewechselt hatte, keine Familie mehr in meiner Nähe.

In den dreieinhalb Jahren in Kanada hatte ich mir oft überlegt, was ich studieren könnte. Ich hatte mit meiner Familie, den Lehrpersonen an der Schule und Gehörlosen im Bekanntenkreis diskutiert und mir vorgestellt, wie es wäre, wenn ich Lehrerin würde. Vielleicht könnte ich ja eines Tages in meine Heimat Südafrika zurückkehren und dort als eine der ersten gehörlosen und in Gebärdensprache unterrichtenden Lehrpersonen wirken? Dann würde ich meine Schüler und Schülerinnen – gehörlose wie hörende – in Geschichte und Politik unterrichten und für Fragen der sozialen Gerechtigkeit sensibilisieren. Jugendträume. Es kam anders. Aber mit den Fächern Pädagogik der Oberstufe und Politische Wissenschaften, die ich schließlich an der Gallaudet University belegte, lag ich genau richtig: Auch heute noch bin ich sehr gern Pädagogin und interessiere mich zutiefst für gesellschaftliche, interkulturelle und politische Belange. Dieses Interesse war bereits geweckt worden, als wir noch im Südafrika der Apartheid gelebt hatten: Wie oft hatten wir doch am Familientisch über Gerechtigkeit für alle diskutiert. Denn damals gab es in Südafrika zweierlei Menschen: Weiße beziehungsweise Europäer und Menschen mit farbiger (»coloured«) beziehungsweise schwarzer Hautfarbe, zweierlei Schulsysteme, zweierlei Wohngebiete – zweierlei von fast allem. Wenn ich mich auf die falsche Bank setzte, wurde ich darauf hingewiesen: »Da darfst du nicht sitzen.« – »Warum nicht?« – »Das geht nicht. Du bist eine Weiße.« Diese Situation wühlte mich auf. Wie sollte ich damit leben, ohne mich zu wehren? Doch meine Familie war privilegiert und konnte auswandern. Und ich als Gehörlose erhielt die Chance, in Amerika zu studieren. Dafür war ich dankbar, und ich wollte die weniger Privilegierten an meinem Glück teilhaben lassen. Daher die Wahl meiner beiden Studienfächer. Im Bereich Politische Wissenschaften[5] konzentrierte ich mich auf Westeuropa, genauer gesagt: auf den Handel und die deutsche Wirtschaft, noch genauer: auf das Thema Gastarbeiter und wie sie ausgenutzt wurden. Dass auch in der Schweiz Gastarbeiter beschäftigt waren, die ihre Familien nicht nachziehen lassen durften, war mir damals noch nicht bekannt.

Ich war unglaublich wissbegierig und fühlte mich wie im Schlaraffenland. Keine Sprachbarrieren behinderten mich, denn der gesamte Unterricht wurde entweder in ASL oder in Lautsprache mit Gebärdensprachdolmetschenden geboten. Und auch im weiteren Umfeld waren alle mit der Gebärdensprache vertraut: Verkäufer, Psychologinnen, Rechtsanwälte – es war einfach wunderbar.

Die Gallaudet University in Washington DC ist weltweit die erste Universität für gehörlose und schwerhörige Studierende und die einzige, die ihr gesamtes Programm auf sie ausgerichtet hat.[6] Sie wird heute von gehörlosen und hörenden Menschen gleichermaßen als oberste Instanz für

*Vielleicht könnte ich ja eines Tages in meine Heimat Südafrika zurückkehren und dort als eine der ersten gehörlosen und in Gebärdensprache unterrichtenden Lehrpersonen wirken? Jugendträume.*

alle Bereiche angesehen, die Gehörlosigkeit und Gebärdensprache betreffen. Nirgendwo sonst stehen den Menschen mit einer Hörbehinderung so viele Wege zu einer höheren Bildung offen, nirgendwo sonst können sie ungehindert die Karriereleiter hochklettern, ohne dass ihr Lernen durch kommunikative Barrieren erschwert ist.

*»Switzerland« – wo lag das denn? Wie lebte man dort? Ich wusste praktisch nichts darüber.*

2014 feierte die Universität ihr 150-jähriges Jubiläum, denn die 1857 für taube und blinde Studenten gegründete Institution erhielt 1864 die Anerkennung als College, unterzeichnet von Abraham Lincoln persönlich. Bis zum heutigen Tag werden übrigens alle Diplome der Gallaudet-Absolventen und Absolventinnen vom Präsidenten der USA unterzeichnet!

Im Oktober 1986 wurde dem Gallaudet College vom US-Kongress der Universitätsstatus erteilt. Zwei Jahre später, im März 1988, erkämpfte die Bewegung Deaf President Now (DPN) die Ernennung des ersten gehörlosen Präsidenten der Universität, Dr. I. King Jordan, und die Wahl des ersten gehörlosen Vorsitzenden des Universitätsrates. Seither ist DPN unter Gehörlosen und Schwerhörigen in der ganzen Welt zu einem Synonym für ihre Selbstbestimmung geworden.

Studierende der Universität können aus mehr als vierzig Bachelorstudiengängen wählen, die zu einem Abschluss mit einem Bachelor of Arts (B. A.) oder einem Bachelor of Science (B. Sc.) führen. Jedes Jahr wird auch eine kleine Zahl von Hörenden, höchstens aber fünf Prozent pro Jahrgang, zur Universität zugelassen. Graduiertenprogramme, die ein abgeschlossenes Bachelorstudium voraussetzen, stehen Gehörlosen, Schwerhörigen und Hörenden offen und bieten die Möglichkeit, Zertifikate und Abschlüsse als Master of Arts (M. A.), Master of Science (M. Sc.), Promovierter (Ph. D.) und Fachexperte in einer Vielzahl von Bereichen zu erwerben.

Nach diesem Exkurs zur Geschichte der Gallaudet University zurück zu meiner Studienzeit: Ich kostete jede Minute aus. Einzig gesundheitlich kämpfte ich mit einigen Schwierigkeiten, da mir die amerikanische Kost mit ihrem Fast Food und den vielen Konservierungsmitteln nicht bekam. Ich machte mich also auf die Suche nach biologischen Lebensmitteln und Produkten direkt ab Bauernhof. Zum Glück konnte ich mich jeweils übers Wochenende bei einer befreundeten Familie erholen, die mich als Wochenendtochter adoptiert hatte und »auffütterte«. Ein zweites Problem, mit dem ich in Washington konfrontiert war, erinnerte mich an meine Jugend in Südafrika: Rassismus und soziale Unterdrückung. Zu jener Zeit zogen viele afroamerikanische, aber auch arme weiße Arbeiterfamilien nach Washington, was zu großen ethnischen und sozialen Spannungen führte.

In meinem Studentenheim hatte ich die Aufgabe übernommen, internationale Besuchergruppen zu betreuen. Darunter war eines Tages auch eine Delegation aus der Schweiz, die Gottfried Ringli, der damalige Direktor der Gehörlosenschule Wollishofen[7], leitete. Und das Schicksal wollte es, dass er eine gehörlose Praktikantin für seine Schule in Zürich und ich eine Praktikumsstelle suchte. So fragte Herr Ringli an offizieller Stelle an, und ich wurde in das Gallaudet-Praktikumsprogramm aufgenommen und erhielt vom Büro des Präsidenten die Erlaubnis, für ein Jahr nach Europa zu fahren, wovon ich die ersten drei Monate in der Schweiz verbringen sollte. »Switzerland« – wo lag das denn? Wie lebte man dort? Ich wusste praktisch nichts darüber. Aber nicht nur ich – in Amerika wurden die Alpenländer damals kaum voneinander unterschieden. Natürlich versuchte ich mich zu informieren, was jedoch nicht so einfach war wie heute mit Google und Wikipedia. Ich studierte Prospekte im Reisebüro, blätterte in alten Büchern der Bibliothek und stellte mir schließlich ein Land mit vielen Bauernhöfen, Uhren und Männern in Lederhosen vor, so eine Art Mittelding zwischen Bayern und Heidiland. Jedenfalls war das Leben teuer dort, so viel wusste ich von meinem Vater, der die Schweiz einmal geschäftlich bereist hatte. Also packte ich reichlich Geld ein: dreitausend Franken! Meine Reise führte mich via Island nach Frankfurt, wo ich die Bahn nach Zürich nahm. Dort, kurz vor der Einfahrt in den Hauptbahnhof Zürich, prangte ein Wort in großen Lettern an einem der Geschäftshäuser, die die Gleise säumten: Schweizerische Lebensversicherungsanstalt. Ich dachte: Welch ein langes Wort – ob wohl alle Wörter im Deutschen so lang sind? Und schon hielt der Zug. Ich schulterte meinen großen Rucksack, stieg aus und ließ mich zwischen den vielen Leuten treiben. Plötzlich stand ich einer Gruppe gehörloser Menschen gegenüber, die sich angeregt in Gebärden unterhielten! Unglaublich. (Später erst würde ich erfahren, dass dieser blaue Würfel unter der Uhr in der Bahnhofshalle, wo sie sich versammelt hatten, ein bekannter Treffpunkt für Gehörlose ist.) Ich beobachtete sie eine Weile, wagte aber nicht, sie anzusprechen. Ich war ja erst neunzehn, und außerdem sprach ich eine andere Gebärdensprache. Als sich die Gruppe schließlich auflöste, wurde mir so richtig bewusst, wie allein ich war. Ich fühlte mich verloren, überfordert und hungrig. Also kaufte ich mir erst einmal eine Tafel Schokolade, und schon ging es mir besser. Eine Frau kam auf mich zu und sprach mich freundlich an. Wir unterhielten uns in Englisch, so gut es ging, und sie organisierte ein Taxi für mich, das mich nach Wollishofen zur Gehörlosenschule brachte. Welch eine Erleichterung.

In der Gehörlosenschule wurde ich von Gottfried Ringli und Walter Gamper in englischer Lautsprache begrüßt. Auch die gehörlosen Kinder, die neugierig um uns herumstanden, kommunizierten alle lautsprachlich, aber natürlich in Hochdeutsch. Das erstaunte mich, ich konnte ja nicht ahnen, dass zu jener Zeit – 1980 – nirgendwo in der

Schweiz in Gebärdensprache unterrichtet wurde, ja dass die Gehörlosenschule Wollishofen im Vergleich zu anderen Schweizer Schulen für Kinder mit einer Hörbehinderung sogar richtig fortschrittlich war. Denn immerhin hatte sie das Lautsprachbegleitende Gebärden (▶ 22) eingeführt, und wenigstens durften sich die Kinder in den Pausen und beim Mittagessen in Gebärdensprache unterhalten, was ebenfalls noch keine Selbstverständlichkeit war. Es fiel mir auf, wie natürlich sie sich bewegten und wie locker sie waren, sobald sie miteinander gebärdeten. Manche verhielten sich auch ausgelassen und wurden dann schnell einmal als hyperaktiv bezeichnet, obwohl sie sich doch eigentlich bloß hatten austoben müssen. Ja, auf mich wirkten die Kinder unausgeglichen: manchmal ungezügelt, dann wieder verspannt und verkrampft in ihrer Körpersprache. Bestimmt hatten die meisten von ihnen hörende Eltern und waren immer von Lautsprache umgeben. Meine Eltern hingegen hatten sich nicht gegen die Gebärdensprache gestemmt, sondern hatten John und mich bestärkt, alle sprachlichen Mittel auszuschöpfen.

So beobachtete ich das Geschehen in der Schule und machte mir meine Gedanken: Ich wunderte mich, dass die Lehrpersonen im Lehrerzimmer ausschließlich lautsprachlich kommunizierten, ihre Hände immer ruhig auf oder unter dem Tisch und ihre Köpfe gesenkt hielten. Kein Wunder, dass die Kommunikation für mich schwierig war und ich mich manchmal ausgeschlossen fühlte. Ich schrieb meine Eindrücke auf und schickte den Bericht an die Gallaudet University.

Mein Visum für die Schweiz war drei Monate lang gültig. In dieser Zeit hielt ich mich in Zürich, Genf und im Tessin auf. Am Ende des Aufenthalts in Wollishofen lernte ich Roland Hermann kennen – meinen zukünftigen Mann, der seit 2006 Präsident des Schweizerischen Gehörlosenbundes ist. Roland und ich nahmen an einem Ehemaligentreffen

*In großen Lettern prangte ein Wort an einem der Geschäftshäuser, die die Gleise säumten: Schweizerische Lebensversicherungsanstalt. Ich dachte: Welch ein langes Wort – ob wohl alle Wörter im Deutschen so lang sind?*

der Gehörlosenschule Wollishofen teil – er als ehemaliger Schüler der Sekundarschule für Gehörlose und Schwerhörige, ebenfalls in Wollishofen, und ich als Praktikantin. Während ich mich um zwei Kinder kümmerte, beobachtete ich eine Gruppe junger Männer, unter ihnen Roland, die sich angeregt in Gebärdensprache unterhielten. Erst am Abend wurde er mir dann von einer Bekannten vorgestellt. Leider aber musste ich kurze Zeit später von Zürich Abschied nehmen, sodass wir nicht viel Gelegenheit zum Kennenlernen hatten. Meine Reise führte mich nun nach Genf, ins Tessin und danach für zehn Monate nach Frankreich, Belgien, Schweden und Dänemark – im Brennpunkt meines Interesses immer die bilinguale Erziehung und deren praktische Umsetzung in den jeweiligen Ländern. Dieses hoch spannende Jahr in Europa sollte übrigens nicht mein letztes Praktikum bleiben: Nach Abschluss meiner theoretischen Studien in Washington blieb ich in den USA und unterrichtete Geschichte, Geografie und Politische Wissenschaften auf der Oberstufe der öffentlichen Schule. Man stelle sich das in der Schweiz vor: Eine gehörlose Praktikantin unterrichtet hörende Kinder, unterstützt durch Gebärdensprachdolmetschende!

Nach meiner Tour durch halb Europa kehrte ich nach Washington zurück, und zwar ohne dass Roland und ich uns nochmals gesehen hätten. Aber wir blieben in Kontakt, Roland besuchte mich hin und wieder, und wir kamen uns näher. Schließlich plante er einen längeren Aufenthalt in Washington, gab 1983 seine Stelle in der Schweiz auf und absolvierte an der Gallaudet University eine Weiterbildung innerhalb des internationalen Programms für nichtakademische Studierende, und zwar in den Bereichen Gebärdensprachlinguistik, Theater, Leitungsfunktionen und Auftreten in der Öffentlichkeit. 1985 schloss er seine Weiterbildung ab, und ich machte meinen Bachelor in Pädagogik und Internationale Beziehungen mit Schwerpunkt Westeuropa.

*Man stelle sich das in der Schweiz vor: Eine gehörlose Praktikantin unterrichtet hörende Kinder, unterstützt durch Gebärdensprachdolmetschende!*

Anschließend – wir hatten uns unterdessen verlobt – zogen wir miteinander nach Kanada, wo wir acht Jahre hängen blieben, obwohl wir doch eigentlich geplant hatten, nach Europa zurückzukehren. In dieser Zeit unterrichtete ich Soziale Wissenschaften als Regelschullehrerin auf Sekundarstufe, unterstützt von Gebärdensprachdolmetschenden. Dazu war ich nämlich verpflichtet als Gegenleistung dafür, dass Kanada meine Ausbildung an der Gallaudet University finanziert hatte. Und daneben – aber muss ich wirklich alles aufzählen? Mein Lebenslauf ist so kompliziert, dass ich manchmal selbst fast den Überblick verliere... Zusammengefasst: Daneben war ich an der Gründung des Western Canadian Center for Deaf Studies der Universität von Alberta in Edmonton beteiligt und arbeitete als wissenschaftliche Beraterin mit. 1986 erwarb ich an der Universität von Alberta in Edmonton mein Lehrdiplom, 1987 an der Universität von New Brunswick, ebenfalls in Kanada, ein Diplom in Gebärdensprachunterricht und Dolmetscherausbildung. Ab 1987 amtete ich als Leiterin einer Gebärdensprach-Servicestelle in Toronto; dabei handelte es sich um eine Dienstleistungsstelle, die Universitäten und Hochschulen bei ihrem Kampf um angemessene Förderung von gehörlosen Studierenden unterstützte, die Ausbildung der Gebärdensprachlehrpersonen koordinierte und deren Qualität sicherstellte. Außerdem arbeitete ich für die Canadian Hearing Society und kämpfte für die Anerkennung der Gebärdensprache als Unterrichtssprache[8] mit. In diesen Jahren holte ich mir also sozusagen das Rüstzeug für meine heutigen Leitungspositionen an der Hochschule für Heilpädagogik. Roland arbeitete währenddessen in verschiedenen Bereichen der Metallindustrie und setzte sich in seiner Freizeit als Privatperson mit den Rechten der Gehörlosen auseinander. Auch er sammelte also Erfahrungen, die ihm heute als Präsident des Gehörlosenbundes zugutekommen.

*Mittlerweile spreche ich also einige Gebärden- und Lautsprachen. Diese Sprachenvielfalt ist für mich aber kein Problem, da ich mich gern mit unterschiedlichen Sprachen und Kulturen beschäftige.*

Anfang der Neunzigerjahre zogen wir schließlich in die Schweiz. Ursprünglich hatte Roland ja geplant, zwei Jahre in Nordamerika zu bleiben, aber dann hatte sich sein Aufenthalt immer wieder verlängert. Vor allem seine Mutter wünschte nun, dass er heimkomme. Rolands Eltern, mittlerweile in einem stattlichen Alter, haben beide eine Hörbehinderung: Der Vater ist gehörlos, die Mutter schwerhörig. Und je älter sie wurden, desto isolierter fühlten sie sich. Damals gab es in der Schweiz noch keine Dolmetscher, die Gebärdensprache war nicht etabliert, und die Gehörlosen wurden oft sich selber überlassen. Wir entschieden uns deshalb, dass Roland 1990 zurückkehren sollte, um seine Eltern zu Hause in Schaffhausen zu unterstützen, und dass ich später nachfolgen würde. Und wieder begann eine Zeit des Hin- und Herfliegens, bis ich 1991 ebenfalls einreiste. In meiner ersten Zeit in der Schweiz, die ich übrigens sehr genoss, war ich Hausfrau und konzentrierte mich ganz auf das Kennenlernen der fremden Kultur und der neuen Sprache, der Deutschschweizer Gebärdensprache (DSGS). Roland und ich hatten ja in Nordamerika in amerikanischer Gebärdensprache (ASL) kommuniziert. Zum Glück nahmen sich seine Eltern viel Zeit für mich, halfen mir, mich auf die Schweiz und ihre Eigenheiten einzulassen, und führten mich in die hiesige Laut- und Gebärdensprache ein. Wir schauten zusammen fern, studierten die Zeitung Seite an Seite, füllten gemeinsam die Steuererklärung aus und entzifferten Straßenschilder, wenn wir in der Stadt unterwegs waren. Nie aber behandelten mich meine Schwiegereltern in einer schulmeisterlichen Art und Weise, sondern verhielten sich ganz natürlich, sodass ich immer meinen Spaß hatte. Und nicht nur sie, sondern auch meine wunderbare Luzerner Laufhündin Lola begleitete mich – oder vielmehr ich sie – auf Streifzüge durch die Nachbarschaft, durch Wiesen und Wälder, sodass sich mir viele Gelegenheiten zum Austausch mit den Menschen boten. Außerdem möchte ich die Gemeinschaft der Schweizer Gehörlosen erwähnen, die mich herzlich aufnahm und mich mit der DSGS vertraut machte.

Mittlerweile spreche ich also einige Gebärden- und Lautsprachen. Diese Sprachenvielfalt ist für mich aber kein Problem, da ich mich gern mit unterschiedlichen Sprachen und Kulturen beschäftige, mich leicht in ein neues Land einfüge und an seine (Gebärden-)Sprache anpassen kann. So kommuniziere ich mit meiner Schweizer Familie in Schaffhausen in DSGS. Mit meiner Mutter (mein Vater ist leider gestorben), meinen Brüdern und den anderen Angehörigen in Kanada spreche ich englisch oder in CASL. Wenn ich in die Romandie fahre, benutze ich die Langue des Signes Française (LSF), und wenn, wie kürzlich, Tessiner Studierende die Ausbildung zum Gebärdensprachausbilder machen, lerne ich Gebärden der italienischen Gebärdensprache Lingua Italiana dei Segni (LIS). Schriftliche Kommunikation führe ich am liebsten in Englisch. Natürlich spreche ich mittlerweile auch deutsch, aber da sehe ich durchaus noch Verbesserungspotenzial – ich denke zum Beispiel an die deutsche Grammatik. Das Lernen und Perfektionieren einer Sprache muss aber nicht unbedingt harte Arbeit sein, sondern kann in den normalen Alltag und ins Freizeitvergnügen integriert werden. Etwa beim Einkaufen, wo in der Schweiz die mehrsprachigen Beschriftungen von Produkten sehr hilfreich sind, da man so die französische Übersetzung gleich mitgeliefert bekommt. Oder beim Fernsehen, wo ich mich im Lesen der Untertitel üben kann. Ebenso beim Zeitunglesen oder ganz besonders beim DVD-Schauen, wo ich die Filme oft zuerst mit französischen und danach mit deutschen Untertiteln genieße. Zudem bin ich natürlich in unzählige Situationen involviert, in denen hochdeutsch gesprochen wird. Eine große Herausforderung bleibt allerdings die Sprachlandschaft der Schweiz mit ihren verschiedenen Dialekten.

Nach dem Ostschweizer Dialekt lerne ich jetzt gerade Zürichdeutsch. Wen wundert's, wenn ich deshalb meine Sprachen zuweilen ein wenig durcheinanderbringe: So fällt es mir – je nach Tageszeit und Müdigkeit – manchmal schwer, Englisch zu lesen und das Gelesene in die Deutschschweizer Gebärdensprache zu übersetzen oder in einer mehrsprachigen Gesprächssituation mit internationalen Gästen von einer Sprache in die andere zu wechseln.

Nachdem ich mich also 1991 endgültig in der Schweiz niedergelassen hatte, nahm ich im darauffolgenden Jahr meine Tätigkeit am damaligen Heilpädagogischen Seminar auf. Seither leite beziehungsweise co-leite ich zwei Ausbildungsgänge, stelle die Kursprogramme zusammen, unterrichte als Dozentin in (aber nicht über) DSGS, lehre als externe Lehrbeauftragte an der Universität Zürich, arbeite an wissenschaftlichen Publikationen, bereite internationale Konferenzen vor und entwickle Projekte. Eines davon, dessen Vorprojekt ich zusammen mit Brigitte Daiss, der Leiterin des Bereichs Gebärdensprache beim SGB-FSS, durchführte, möchte ich hier kurz vorstellen: Gebärdensprache und der Gemeinsame Europäische Referenzrahmen (GER). Der GER dient dazu, Fremdsprachkompetenz mess- und vergleichbar zu machen: »Als ein verbindlicher, sprachenunabhängiger Rahmen für das Erlernen, Lehren und Beurteilen fremdsprachlicher Fertigkeiten fördert der GER einheitliche Standards bei der Curriculum- und Test-Entwicklung in Bezug auf den Fremdsprachenunterricht.«[9] Im GER-Vorprojekt untersuchten wir die Gebärdensprachkurs-Unterrichtsmaterialien des Schweizerischen Gehörlosenbundes, unter anderem die vier CDs, die in den Kursen 1 bis 4 eingesetzt werden. Die CDs waren unter der Leitung von Gebärdensprachforscherin Penny Boyes Braem und unterstützt von Projekten der HfH erarbeitet und vom Verein GS Media herausgebracht worden – die erste CD übrigens erst vor zehn Jahren! Meine Mitarbeiterinnen und Mitarbeiter und ich werteten das Material aus, indem wir es mit den sechs Sprachniveaus des GER verglichen. Resultat: Es bewegt sich auf den Niveaus A1 bis A2 (Einstieg und Grundlagen). Der nächste Schritt ist nun die Untersuchung der vielen Materialien, die in der Ausbildung der Studierenden an der HfH verwendet werden. Gleichzeitig verfolgen wir immer auch die Entwicklung der Gebärdensprachforschung in anderen europäischen Ländern und arbeiten mit ihnen zusammen: So wurde zum Beispiel an der Universität Hamburg ein GER-Raster für die deutsche Gebärdensprache (DGS) entwickelt, der natürlich auch für uns interessant ist. Zudem sind wir Mitglied beim European Centre for Modern Languages, wo mein Kollege Tobias Haug sogar ein kleines Projekt im Zusammenhang mit Gebärdensprachtests unterbringen konnte. Wir dürfen aber auch die Romandie und das Tessin nicht ausklammern, wo bis jetzt noch gar keine Ausbildungsmöglichkeiten bestehen, geschweige denn Unterrichtsmaterialien vorliegen, die ausgewertet werden könnten. In diesem Zusammenhang stellt sich die Frage, ob die Forschungszweige der drei Schweizer Gebärdensprachen am gleichen Strick ziehen wollen oder ob sich derjenige der DSGS eher nach dem deutschsprachigen Raum, derjenige der LSF eher nach Frankreich und derjenige der LIS eher nach Italien orientieren sollte. Offen ist auch, ob wir die Unterrichtsmaterialien von Frankreich für die Romandie, diejenigen von Italien für das Tessin überarbeiten können und wollen. Auf jeden Fall sind – und das ist ganz wichtig – seit 1946 alle drei Schweizer Sprachregionen unter einem einzigen Dachverband, dem SGB-FSS, vereint.

Neben meinen Aufgaben an der Hochschule für Heilpädagogik machte ich mich ab 2000 auf die Suche nach einem geeigneten Masterstudiengang, musste aber einsehen, dass ich in der Schweiz nicht weit kommen würde, da nicht

*Nach dem Ostschweizer Dialekt lerne ich jetzt gerade Zürichdeutsch. Wen wundert's, wenn ich deshalb meine Sprachen zuweilen ein wenig durcheinanderbringe.*

genug Gebärdensprachdolmetschende zur Verfügung standen. Schließlich entschied ich mich für ein Masterstudium in Pädagogik an der Open University in Milton Keynes, Großbritannien. Nun musste ich meine Aufgaben an der HfH, die Kurse in Milton Keynes (vor allem in den Sommerferien), die schriftlichen Arbeiten und das Lernen unter einen Hut bringen, und das trotz einer Krebserkrankung, die mich in dieser Zeit heimsuchte. 2008 schloss ich das Studium mit dem Master[10] in Pädagogik ab, stolz auf das Erreichte und sehr glücklich, den Krebs besiegt zu haben. Damit begnüge ich mich – vorläufig. Noch habe ich aber die Hoffnung nicht aufgegeben, dass ich eines Tages, wenn es meine Gesundheit und die Arbeitsanforderungen zulassen, doktorieren kann. Vorerst konzentriere ich mich jedoch wieder ganz auf die Studiengänge an der Hochschule. Auch ohne Weiterbildung sind meine Tage randvoll ausgefüllt. Trotzdem habe ich mir meine Neugier auf neue Entwicklungen und Herausforderungen bewahren können, und ich kann mich über Kleinigkeiten freuen, etwa über das Lächeln einer Studentin, wenn sie einen Gedankengang verstanden hat, oder über die Idee zu einem spannenden Projekt. Ich bin dankbar, wenn ich meinen Beitrag zur Förderung von Gerechtigkeit und sozialem Frieden in der Gesellschaft leisten kann.

Aber natürlich kämpfe ich auch manchmal mit negativen Gefühlen. Es macht mir Mühe, wenn ich gegen die immer gleichen Vorurteile antreten muss, die da lauten: Gehörlose Kinder brauchen einen Speziallehrplan, da sie dem der Regelschule nicht gewachsen sind. Oder: Gehörlose kann man in diesem oder jenem Wirtschaftszweig nicht brauchen. Und es kostet mich Kraft, wenn ich sehe, wie wir Gehörlosen immer noch in vielen Situationen um einen Dolmetschdienst kämpfen müssen. Eine ganz andere Herausforderung bringt die moderne Welt der elektronischen Medien mit sich: Ich beobachte, wie die Jungen heute locker und souverän mit Technologie und Information umgehen, es ihnen aber oft an sozialer und emotionaler Reife fehlt.

Dennoch, wenn ich auf die letzten zwanzig Jahre zurückblicke, muss ich sagen: Es hat sich im Bereich Gebärdensprache sehr viel getan, vor allem in der Dolmetscherausbildung und in der Weiterbildung zum/zur GebärdensprachausbilderIn. Letztere umfasst die Vermittlung von Linguistik, Soziologie und Gebärdensprache sowie die Vertiefung der Kenntnisse über die Kultur der Gehörlosen und Hörenden. Die Finanzierung dieser Ausbildung steht allerdings immer noch auf schwachen Füßen, erst der Vorkurs ist finanziell abgesichert.

In der Schweiz sind wir von den Möglichkeiten, die sich den Gehörlosen andernorts präsentieren, leider noch weit entfernt: Auf Universitätsebene gibt es kein Institut, das sich mit Gebärdensprachforschung beschäftigt. Aus diesem Grund werden auch nur vereinzelt Masterarbeiten und Dissertationen geschrieben. Während man an der Gallaudet University bis zum Doktorat studieren kann, führt die schweizerische Dolmetscherausbildung an der HfH nur zu einem Bachelorabschluss, und der Studiengang zum/zur GebärdensprachausbilderIn ist eine Weiterbildung ohne akademischen Grad. Allerdings kann diese Tatsache, nämlich dass die Gebärdensprachforschung und -lehre bei uns nicht auf der universitären Ebene angesiedelt ist, durchaus auch in einem positiven Licht gesehen werden: Bei uns ist sie nicht auf Akademikerinnen und Akademiker beschränkt, sondern in der Gemeinschaft der Gehörlosen breit abgestützt. Wir streben eine Zusammenarbeit mit allen Betroffenen an, zum Beispiel auch mit der Stiftung procom, die die Förderung der Kommunikationsmöglichkeiten der Menschen mit einer Hörbehinderung bezweckt.

Zum Abschluss möchte ich betonen: In den letzten dreißig Jahren wurde in der Schweizer Forschung und Lehre der

*Ich bin dankbar, wenn ich meinen Beitrag zur Förderung von Gerechtigkeit und sozialem Frieden in der Gesellschaft leisten kann.*

Gebärdensprache unglaublich viel erreicht. Außerdem sind Selbstverständnis und Selbstvertrauen der Gehörlosen gewachsen, und ihr durchschnittlicher Bildungsstand hat sich verbessert. In der neu gegründeten Schweizer Dachorganisation Integration Handicap[II], in deren Zentralvorstand ich kürzlich gewählt wurde, um die Anliegen der Gehörlosen und Hörbehinderten zu vertreten, werde ich mich dafür einsetzen, dass diese Entwicklung weiter an Stärke zunimmt.

Was ich mir ganz generell wünschen würde: dass es in unserer Gesellschaft nicht als außergewöhnlich, sondern als selbstverständlich angesehen wird, gehörlos zu sein und Gebärdensprache zu sprechen (▸ 18). Deshalb ist es von höchster Wichtigkeit, dass das Wissen um die Gehörlosigkeit und ihre Auswirkungen, um die Gebärdensprache und ihre Bedeutung für Gehörlose in der Öffentlichkeit verbreitet wird.

## Anmerkungen

1 Patty Shores bat die Autorin, das am 19.Juni 2013 von FOCUSFIVE TV ausgestrahlte Gespräch zwischen ihr und Stanko Pavlica in den Text einfließen zu lassen.

2 Die südafrikanische Gebärdensprache (SASL) ist der britischen Gebärdensprache (BSL) hinsichtlich Satzstruktur sehr ähnlich, ihr Wortschatz basiert jedoch auf der südafrikanischen Kultur und Gesellschaft. Seit Beginn des Jahres 2014 erhalten gehörlose Kinder in Südafrika offiziell Unterricht in SASL als erster Sprache. Vorher waren nur Englisch oder Afrikaans als erste Sprachen im Unterricht verankert.

3 Das Commonwealth of Nations ist eine lose Verbindung unabhängiger Staaten, deren Territorien einst zum British Empire gehörten.

4 Im Rahmen der in der Republik Südafrika in den Jahren 1948 bis 1993 angewandten Doktrin der Apartheid bestimmten Teilen der schwarzen Bevölkerung zugewiesenes Siedlungsgebiet.

5 Secondary Education with the focus on Social Studies & International Studies with the focus on Western Europe.

6 Die folgenden Abschnitte über die Gallaudet University basieren auf: www.gallaudet.edu › About Gallaudet › 150 Years › History of the University (Abfrage 28.3.2014).

7 Heute Zentrum für Gehör und Sprache Zürich (ZGSZ).

8 1993 hat Ontario als bisher einzige Provinz die beiden kanadischen Gebärdensprachen ASL und LSQ als Unterrichtssprachen für gehörlose Schülerinnen und Schüler anerkannt.

9 Patty Shores / Julia Martens-Wagner / Simon Kollien, »Zwei Veranstaltungen im Rahmen des PRO-Sign-Projektes in Graz, Österreich«, in: *Das Zeichen. Zeitschrift für Sprache und Kultur Gehörloser*, 94/2013, S.331.

10 Titel der Masterarbeit: »How can we prepare sign language interpreter students to become lifelong learners in order to meet the interpreting service market needs?« (Wie können Studenten in Gebärdensprachdolmetschen darauf vorbereitet werden, sich lebenslang weiterzubilden, damit sie den Marktansprüchen des Dolmetschdienstes gerecht werden?; Übersetzung J. K.).

11 Integration Handicap setzt sich für die Gleichberechtigung und Chancengleichheit von Menschen mit einer Behinderung in der Schulung und Ausbildung, im Beruf und ganz allgemein in der Gesellschaft ein.

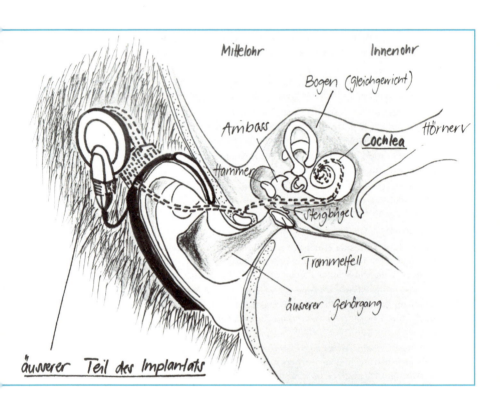

# Das Cochlea-Implantat

Cochlea ist der lateinische Ausdruck für Hörschnecke. Das Cochlea-Implantat, kurz CI, ist eine Hörhilfe für Personen, bei denen herkömmliche Hörgeräte zu wenig Nutzen bringen, der Hörnerv an sich aber intakt ist. Die Wissenschaftsjournalistin Kerstin Schumacher hat das CI in einem Artikel über gehörlose Jugendliche sehr anschaulich erklärt: »Ein Cochlea-Implantat ist eine elektronische Innenohrprothese, die sich aus einem äußeren und einem inneren Teil zusammensetzt. Das eigentliche Implantat besteht aus einem Empfänger, einem Magneten und Elektroden (sie dienen vor allem der Stromzufuhr). Es wird während einer Operation unter Vollnarkose direkt in die Hörschnecke (Cochlea) eingesetzt und am Hinterkopf im Schädelknochen verankert. Zum außen sichtbaren Teil gehören ein Sprachprozessor und eine Sendespule. Der Prozessor wird hinter dem Ohr getragen und sieht so ähnlich aus wie ein gewöhnliches Hörgerät. Darin enthalten sind ein Mikrofon, Batterien und ein Mikrochip. Über das Mikrofon nimmt der Prozessor Geräusche auf und digitalisiert sie, wandelt also Schallwellen in elektrische Ströme um. Die Spule selbst wird auf der Kopfhaut getragen, zwei bis drei Zentimeter hinter der Ohrmuschel. Sie sendet das digitale Signal durch die Haut zum Implantat. Damit sie an der richtigen Stelle sitzt und nicht herunterfällt, enthält sie ebenfalls einen Magneten. Bei (gehörlosen) Menschen [...] übernimmt das Implantat die Funktion des Innenohrs, indem es die umgewandelten Geräusche direkt an den Hörnerv weiterleitet. An Stelle der gut 20 000 Haarzellen, die in einem gesunden Ohr die Geräusche ans Gehirn weiterleiten, sind bei einem Cochlea-Implantat 12 bis 22 Elektroden dafür zuständig.«[1]

Cochlea-Implantationen sind in der Schweiz weitverbreitet. Der Eingriff wird meist im Kleinkindalter vorgenommen, ungefähr nach Vollendung des ersten Lebensjahrs, teilweise sogar noch früher. Experten sehen die Ursache hierfür in einer Fokussierung der Ärzte auf die medizinisch-technische Möglichkeit des Implantats: »Das ärztliche Personal ermutigt die Eltern gewöhnlich nicht, in der Kommunikation mit ihren gehörlosen Kindern Gebärdensprache einzusetzen. Offiziell erwähnen zwar sowohl die Schweizerische Vereinigung der Eltern hörgeschädigter Kinder als auch die meisten Beratungsstellen für Eltern die Gebärdensprache als eine mögliche Kommunikationsform. In der Praxis jedoch konzentriert man sich vor allem in der Deutschschweiz primär auf Informationen über Cochlea-Implantationen und die orale Erziehung (▶ 28) der gehörlosen Kinder.«[2]

## Anmerkungen

1  Kerstin Schumacher, »Im Kino war Lea noch nie«, in: *Spektrum Neo,* 4/2013, S. 48f.
2  Penny Boyes Braem / Tobias Haug / Patty Shores, »Gebärdenspracharbeit in der Schweiz: Rückblick und Ausblick«, in: *Das Zeichen. Zeitschrift für Sprache und Kultur Gehörloser,* 90/2012, S. 62f.

# Eymen Al-Khalidi

*geboren 1997*

Am Stadtrand von Zürich Wollishofen, in ländlicher Umgebung, steht ein behäbiges, gut einhundertjähriges Schulhaus im Heimatstil. Die Website der darin untergebrachten Institution, der Sek3, präsentiert hingegen das Bild einer modernen, lebendigen Sekundarschule für Gehörlose und Schwerhörige. Dort besucht Eymen Al-Khalidi seit 2010 die Oberstufe für Teilintegration, kurz TIO. Eymen ist ein arabischer Name und bedeutet »rechte Hand«. Eymens Eltern sind aus dem Irak in die Schweiz geflüchtet. Er selber wurde hier geboren und kennt den Irak nur von gelegentlichen Ferienreisen. Im Sommer 2014 beginnt er eine dreijährige Lehre als Logistiker bei der Firma Phonak, die Hör- und Funkgeräte produziert. Eymens Freizeit steht ganz im Zeichen des Fußballs: Er ist begeisterter Fußballer und spielt als defensiver Mittelfeldspieler im FC Horgen. Seine Lieblingsclubs sind Liverpool und der FC Barcelona.

*Wie läuft das bei euch in der Schule, wie muss man sich die TIO konkret vorstellen?*
Wir Schüler der TIO sind schwerhörig, aber da wir alle ein CI und/oder ein Hörgerät tragen und gut Lautsprache sprechen und verstehen, besuchen wir viele Fächer in der Regelklasse, begleitet von TIO-Lehrern, zum Beispiel Mensch & Umwelt, Turnen oder Mathematik, die zusammen mit Geografie mein Lieblingsfach ist. In den Sprachen – Deutsch, Französisch und Englisch – und in Lebenskunde werden wir separat unterrichtet. Das heißt, so war es letztes Jahr, in der dritten Klasse der Oberstufe, wo sich die Stunden in der Regelklasse und diejenigen der TIO in etwa die Waage hielten. Jetzt sind mein Kollege und ich im zehnten Schuljahr und besuchen die meisten Lektionen in der Regelklasse.[1]

*Ich musste meinen größten Zukunftstraum begraben, ich wäre nämlich am liebsten Profifußballer geworden.*

*Ihr seid nur zu zweit?*
Ja, jetzt, in der zehnten Klasse, schon. Letztes Jahr waren wir noch zu dritt. Im Sommer trat dann einer von uns eine Lehre an. Der andere Kollege hatte zwar ebenfalls eine Stelle gefunden, jedoch erst für den Sommer 2014, während ich mit meinen Bewerbungen im Schuljahr 2012/2013 leider nicht erfolgreich war. Aber seit drei Wochen habe auch ich einen Lehrplatz. Endlich!

*Toll! Und welchen Beruf wirst du lernen?*
Logistiker, und zwar bei der Phonak, einer auf der ganzen Welt tätigen Firma für Hörtechnologie. Sie ist super. Ich bin ja so erleichtert, dass diese schwierige Zeit hinter mir liegt: In den letzten eineinhalb Jahren habe ich rund siebzig Bewerbungen verschickt, durfte mich aber kaum je vorstellen, und zum Schnuppern kam es nur ein einziges Mal! Eigentlich hätte ich Informatiker, Elektroniker oder Elektroplaner werden wollen, aber meine Lehrstellensuche führte ins Leere. Meist hieß es, ich brauche einen Sek-A-Ab-

schluss[2] – wenn die Absage überhaupt begründet wurde. Schließlich hängte ich meine Berufswünsche an den Nagel und entschied, mich neu zu orientieren und es mit Logistik zu versuchen. Und es klappte! Ich wurde von der Phonak zu einer Schnupperlehre eingeladen und erhielt einen Einblick in die Aufgabenbereiche Warenein- und -ausgangskontrolle, Lagerverwaltung und Materialbestellung. Die Arbeit gefiel mir gut, und ich wurde eingestellt.

*Hast du auch wegen deiner Schwerhörigkeit Absagen bekommen?*
Nein, aber einmal sah ich selber ein, dass die Stelle für mich nicht geeignet war, da der Lärm in der Firma zu groß war und ich keine Gespräche mehr hätte führen können.

*Du hast ein CI, sagtest du. Wie gut hörst du denn damit?*
Dank dem CI höre ich auf dem rechten Ohr achtzig bis neunzig Prozent. Auf dem linken Ohr höre ich nichts. Ohne CI wäre ich völlig taub (▶ 15, 17).

*Das CI hat dir also außerordentlich viel gebracht. Aber sind für dich auch Nachteile damit verbunden?*
Ja. Ich musste meinen größten Zukunftstraum begraben, ich wäre nämlich am liebsten Profifußballer geworden. Ich bin echt stark als defensiver Mittelfeldspieler und hätte Karriere machen wollen. Aber mir als CI-Träger ist das nun einmal nicht möglich, da ich nicht in allen Spielsituationen angemessen reagieren kann: Bälle, die steil von oben auf den Kopf treffen würden, darf ich nicht abnehmen; nur die flachen Bälle liegen drin. Und ohne CI kann ich nicht spielen, da ich dann ja nichts höre. Wie beim Wassersport, weshalb er mir denn auch keinen Spaß macht. Aber auch sonst hat das CI Nachteile: Ich finde es mühsam, dass ich Batterien auswechseln und für die Kontrolle des Geräts und meines Hörvermögens zweimal pro Jahr eigens ins Spital

fahren muss; dass zusätzliche Konsultationen anfallen, wenn es kaputt ist, weil es zu Boden gefallen oder vom Regen nass geworden ist... Logisch, dass ich mir gewünscht hätte, normalhörend zu sein.

*Wie alt warst du, als du operiert wurdest?*
Vier. Ich kann mich nicht erinnern, aber meine Eltern haben mir erzählt, wie es dazu kam: In den ersten knapp eineinhalb Jahren entwickelte ich mich ganz normal, und sie hatten nie den geringsten Verdacht, dass ich nicht hören könnte. Dann erkrankte ich Anfang August 1998 an einer heftigen Erkältung. Meine Mutter alarmierte den Notfallarzt, da sie unseren Kinderarzt nicht hatte erreichen können. Übrigens war ich kurz zuvor aus dem Kinderbettchen auf den Kopf gefallen, aber dieser Sturz war zum Glück glimpflich verlaufen und kam beim Besuch des Notfallarztes bei uns zu Hause nicht zur Sprache. Er untersuchte mich also gründlich und ordnete eine Behandlung mit Antibiotika an. Meine Erkältung klang daraufhin ab, meiner Mutter fiel jedoch in den folgenden Monaten auf, dass ich irgendwie verändert schien. Sie war beunruhigt und ließ mich schließlich, als ich zweijährig war, im Spital untersuchen. Dabei stellte sich heraus, dass ich überhaupt nichts hörte. Die Frage war nun: warum? War ich taub geboren worden? War ich ertaubt infolge des Sturzes aus dem Kinderbett? Oder infolge der Erkältung? Meine Eltern sind sich absolut sicher, dass ich nicht von Geburt an taub gewesen bin, da ich als eineinhalbjähriges Kind bereits munter plapperte, genau wie später mein jüngerer Bruder, als er siebzehn Monate alt war, und heute mein Schwesterchen. Sie schließen aber auch den Sturz als Ursache aus, da ich nicht aus großer Höhe gefallen war und sie nachher keinerlei Folgen beobachtet hatten. Außerdem wurde mein Kopf im Spital genauestens untersucht, und man fand keine Hinweise, dass der Sturz zu irgendwelchen Verletzungen

geführt haben könnte. Also blieb eigentlich nur noch die Erkältung beziehungsweise deren Behandlung mit Antibiotika als möglicher Grund. Dieser Zusammenhang konnte aber im Nachhinein nicht mehr bewiesen werden, weshalb auch kein rechtlicher Anspruch auf Wiedergutmachung bestand. Und damit war für die Ärzte die Suche nach den Ursachen abgeschlossen.

*Wenn du erst mit eineinhalb Jahren ertaubt bist, dann hast du also zu diesem Zeitpunkt schon ein bisschen sprechen können (▶ 31)?*
Ja, so wie jedes Baby plappert und erste Wörter nachspricht, aber natürlich auf Arabisch. Meine Eltern stammen ja aus dem Irak. Sie sind vor über zwanzig Jahren in die Schweiz geflüchtet.

*In den ersten knapp eineinhalb Jahren entwickelte ich mich ganz normal, und meine Eltern hatten nie den geringsten Verdacht, dass ich nicht hören könnte.*

*Und wie ging es weiter, als feststand, dass du taub warst?*
Mit zwei erhielt ich ein Hörgerät. Aber es stellte sich heraus, dass es mir nichts brachte. Also entschieden sich meine Eltern, abklären zu lassen, ob mir ein Cochlea-Implantat helfen könnte. Dann wurde ich operiert. Ein Jahr später begann schließlich die Therapie, wie sie nach jeder Cochlea-Implantation üblich ist. Zudem musste ich ja sozusagen neu artikulieren (▶ 1) lernen: auf Deutsch anstatt Arabisch und mit eingeschränktem Hörvermögen. Bis ich wieder richtig zu sprechen begann, war ich deshalb schon etwa fünf. Heute ist Deutsch – damit meine ich Hochdeutsch – meine erste Sprache.

*Du sprichst sehr gut. Die Gebärdensprache hast du wohl nie gelernt?*
Nein, wozu auch? Ich kann mich ja problemlos mit allen Leuten verständigen, solange sie nur hochdeutsch mit mir sprechen.

*Wie alt sind deine Geschwister und wie sprecht ihr miteinander?*
Mal arabisch, mal hochdeutsch. Mein Bruder ist der Einzige in der Familie, der schweizerdeutsch sprechen kann. Er ist zwölf, geht in die sechste Klasse und kommt im Sommer in die Oberstufe – hoffentlich in die Sek A. Das wäre super. Ich helfe ihm manchmal bei den Hausaufgaben. Mein Schwesterchen ist erst eineinhalb Jahre alt.

*Wo wurdest du eingeschult?*
In meinem Dorf, in Horgen. Dort besuchte ich den Kindergarten – mit der Unterstützung einer Therapeutin – und die ersten drei Jahre der Regelschule. Im Kindergarten war die Verständigung sehr schwierig, ich sprach ja ausschließlich hochdeutsch und verstand praktisch kein Schweizerdeutsch. Aber ich fühlte mich trotzdem ganz wohl, da wir oft spielten und dabei das Sprechen weniger ins Gewicht fiel. Später, in der Schule, klappte die Kommunikation schon viel besser, denn die Lehrerin achtete von Anfang an sehr darauf, dass während des Unterrichts niemand in den Dialekt wechselte. Außerdem wurde im Schulzimmer für mein besseres Hörverständnis eine FM-Anlage (▶ 10) eingesetzt. So waren es eigentlich nur noch die Pausen, in denen ich mich manchmal ausgeschlossen fühlte, weil dort die meisten Kinder wieder auf Schweizerdeutsch schwatzten. Das verstand ich aber kaum. Auch heute noch bin ich darauf angewiesen, dass meine Freunde hochdeutsch sprechen (▶ 27). Ob sie hörend oder schwerhörig sind, spielt hingegen keine Rolle.

*Und wo hast du die vierte bis sechste Klasse besucht?*
Für die Mittelstufe wechselte ich in den nächstgrößeren Ort, nach Wädenswil, wo es eine teilintegrierte Schule gibt, ähnlich wie die teilintegrierte Oberstufe hier. Ich musste nun allein mit Bus und Bahn zur Schule fahren, aber da ich schon recht selbständig war, schaffte ich das problem-

*im Frühling 2011 reisten wir in den Irak. Für meine Eltern war das nach zwanzig Jahren das erste Mal, dass sie ihr Heimatland und viele ihrer Verwandten wiedersahen.*

los. Und seither besuche ich die TIO in Zürich Wollishofen. Nächsten Sommer werde ich schließlich in die Berufsschule für Hörgeschädigte (BSFH) in Zürich Oerlikon eintreten. Meine Lehre wird drei Jahre dauern.

*Was machst du in deiner Freizeit, hast du Hobbys?*
Ja, am wichtigsten ist mir der Fußball. Ich spiele in unserem Fußballclub. Und ich schaue mir möglichst viele Spiele im Fernsehen oder, wenn sie dort nicht gesendet werden, am Computer an. Meine Lieblingsteams sind Barcelona und Liverpool. An der Weltmeisterschaft in Brasilien werde ich aber auch für die Schweiz »fanen«, schließlich wurde ich vor drei Jahren eingebürgert. Schade nur, dass der Irak die Qualifikation für die WM nicht geschafft hat... Neben Fußball spiele ich zudem Hockey, Tischtennis und Tennis. Sport allgemein macht mir Spaß.

*Seit drei Jahren ist deine Familie in der Schweiz eingebürgert. Seid ihr seither auch einmal in den Irak zurückgekehrt?*
Ja, im Frühling 2011 reisten wir in den Irak. Für meine Eltern war das nach zwanzig Jahren das erste Mal, dass sie ihr Heimatland und viele ihrer Verwandten wiedersahen. Ihre Familien waren völlig auseinandergerissen worden. Mein Vater hatte sich geweigert, für Saddam Hussein in den Krieg zu ziehen. Deshalb flüchtete er als junger Mann nach Saudi-Arabien – zu Fuß! Aber er war auch dort nicht sicher vor dem Militär und gelangte schließlich mithilfe des Roten Kreuzes in die Schweiz. Meine Mutter war zusammen mit der Mutter meines Vaters, einer Verwandten ihrer Familie, nach Jordanien geflohen und konnte ebenfalls in die Schweiz einreisen. Hier lernten sich meine Eltern kennen.

*Fühlen sie sich wohl hier? Das politische Klima in der Schweiz ist ja für Flüchtlinge nicht gerade das beste.*

Das spüren sie schon. Die Schweizerinnen und Schweizer sollten sich mehr um ein gutes Zusammenleben mit den Flüchtlingen bemühen. Meine Mutter wird hin und wieder auf der Straße beleidigt, nur weil sie ein Kopftuch trägt. Aber im Allgemeinen geht es meinen Eltern gut hier, obwohl sie manchmal natürlich das Heimweh nach dem Irak plagt. Das Land ist sehr schön, wenn man von den Kriegsschäden absieht. Im Innersten träumen meine Eltern wohl immer noch von einer Rückkehr, wenn wir Kinder einmal erwachsen sind und es die politischen Verhältnisse zulassen. Ich jedoch wurde hier geboren, und die Schweiz ist mein Zuhause.

*Was erträumst du dir für deine Zukunft?*
Berufsfußballer zu sein, wie schon gesagt, aber das ist ja unmöglich. Oder dass ich später vielleicht nochmals einen Anlauf nehmen kann, Informatiker zu werden. Im Moment bin ich allerdings einfach nur froh, dass ich eine Lehrstelle gefunden habe und mir für die nächsten drei Jahre keine Sorgen mehr machen muss.

## Anmerkungen

1 Die Schule schreibt dazu auf ihrer Website: »Der Anteil Regelklassenunterricht kann 35 bis 90 Prozent ausmachen, je nach Fähigkeiten und Möglichkeiten der jeweiligen Lernenden. Dabei lassen wir uns leiten vom Grundsatz ›so viel Integration wie möglich, so viel Sonderschulung wie nötig‹«. (www.sek3.ch › Angebot, Modell Teilintegration).

2 In vielen Schweizer Kantonen hat die Oberstufe zwei oder sogar drei Niveaus: Sekundarschule B (kurz Sek B, unteres Niveau), Sekundarschule A (Sek A, höheres Niveau) und eventuell noch das Untergymnasium.

# Gebärdensprach-dolmetschen

Stellen Sie sich vor, Sie wären taub. Sie hätten einen achtjährigen Sohn und möchten ihn von der Schule abholen. Da bittet Sie seine Lehrerin, doch kurz zu bleiben, sie habe noch etwas zu besprechen. So viel haben Sie verstanden, obwohl Sie nichts hören, denn Sie können ja von den Lippen ablesen und die Gesten deuten. Wenn die Lehrerin jedoch von konkreten Problemen zu reden beginnt, etwa dass das Kind in der Pause immer allein spiele oder dass es ihre Anweisungen nicht befolge, dann spüren Sie, dass etwas nicht in Ordnung ist, werden nervös und verlieren den Gesprächsfaden. Ein Elterngespräch ohne Dolmetscherin – welch eine Herausforderung!

Oder stellen Sie sich vor, Sie hätten einen Autounfall gehabt und seien mit der Ambulanz ins Krankenhaus eingeliefert worden. Nun liegen Sie auf dem Spitalbett und werden untersucht. Der Arzt erklärt Ihnen vielleicht sogar, was er gerade macht, aber wie sollen Sie ihn verstehen, wenn er einen Mundschutz trägt und Sie seine Lippen gar nicht sehen können?

Oder stellen Sie sich vor, Sie wären zu einem Bewerbungsgespräch eingeladen und möchten sich in einem möglichst guten Licht darstellen, aber Sie verstehen die Fragen des zukünftigen Arbeitgebers nur annäherungsweise.

Treffen Gehörlose und Hörende zusammen, sind in vielen Situationen des Alltags Gebärdensprachdolmetscherinnen und -dolmetscher gefragt. Sie übersetzen von einer Lautsprache in die jeweilige Gebärdensprache und umgekehrt. Bei ihrer Arbeit halten sie sich konsequent an den internationalen, berufseigenen Ehrenkodex: Sie beteiligen sich nicht an den Gesprächen, verhalten sich unauffällig, sind unparteiisch und unterstehen der Schweigepflicht.

Der Beruf setzt voraus, dass jemand Interesse an Sprachen und Sprachvermittlung sowie natürlich an interkulturellen Themen mitbringt und Freude am Kontakt mit gehörlosen und hörbehinderten Menschen hat.[1] Der Bachelorlehrgang wird von der Hochschule für Heilpädagogik in Zürich als dreijähriges Vollzeitstudium angeboten.

### Anmerkung

[1] Informationen gemäß der Hochschule für Heilpädagogik, www.hfh.ch › Gebärdensprachdolmetschen (Abfrage 28.3.2014).

# *Barbara Bucher*

*geboren 1971*

Barbara Bucher ist eine der Dolmetscherinnen und Dolmetscher, die die täglich um 19.30 Uhr ausgestrahlte Hauptausgabe der Tagesschau in Gebärdensprache übersetzen – zu sehen auf dem Schweizer Fernsehkanal SRF info: »Tagesschau mit Gebärdensprache«. Bevor sie ihre Ausbildung zur Gebärdensprachdolmetscherin in Angriff nahm, machte sie eine Lehre als kaufmännische Angestellte. Mittlerweile ist sie seit bald vierzehn Jahren Gebärdensprachdolmetscherin und seit zwölf Jahren Lehrbeauftragte im Studiengang Gebärdensprachdolmetschen an der Hochschule für Heilpädagogik in Zürich. Barbara Bucher ist zweisprachig, denn ihre Eltern sind schwerhörig beziehungsweise gehörlos, weshalb sie und ihr Bruder mit der Gebärdensprache und in der Welt der Gehörlosen aufgewachsen sind.

*Warum bist du Gebärdensprachdolmetscherin geworden?*
Meine Mutter ist schwerhörig, mein Vater taub (▶ 15, 17). Deshalb bin ich, so seltsam es klingen mag, von meinem Verhalten her ebenfalls ein Stück weit gehörlos. Zwar kann ich, wie auch mein Bruder, hören, aber intuitiv handle und reagiere ich fast wie eine Gehörlose. Erst kürzlich ist mir dies wieder so richtig bewusst geworden, als ich im Auto neben meinem Vater saß und in einer brenzligen Situation nicht etwa aufschrie, wie das wohl jeder hörende Mensch automatisch tun würde, sondern meinen Vater anstupfte. Ich bin also in der Welt der Gehörlosen aufgewachsen. Dieser familiäre Hintergrund sagt allerdings noch nichts darüber aus, ob ich mich für den Beruf der Gebärdensprachdolmetscherin eigne, aber wenn Freude und Geschick im Umgang mit Menschen und eine Sprachbegabung dazukommen, wie in meinem Fall, dann ist er eine Bereicherung. Trotzdem, der Wunsch, die Arbeit mit Gebärdensprache (▶ 14) zu meinem Beruf zu machen, wuchs erst allmählich in mir und hatte damit zu tun, dass ich von klein auf beobachtete, wie den Gehörlosen häufig Informationen fehlen, wie sie oft Schwierigkeiten haben, zu verstehen und verstanden zu werden (▶ 4). Ich wollte etwas zur Verbesserung dieser Situation beitragen. Als ich schließlich von der Ausbildung zur Dolmetscherin hörte – es gibt sie übrigens in der (Deutsch-)Schweiz erst seit knapp dreißig Jahren –, da wusste ich, dass ich genau das machen möchte, und fand so, nach einem Umweg über die Ausbildung zur kaufmännischen Angestellten, zu meiner Berufung. Seit bald vierzehn Jahren arbeite ich nun schon als Dolmetscherin und seit zwölf Jahren zudem als Lehrbeauftragte an der Hochschule für Heilpädagogik (HfH). Die Aufgabe als Ausbilderin ist eine große Bereicherung, da ich in der Auseinandersetzung mit den Studierenden immer wieder sehe, welches die speziellen Herausforderungen des Berufs für

all die sind, die neu einsteigen. Gern stelle ich mich auch ihren Fragen.

*Welche Sprache ist deine Erstsprache, die Gebärdensprache oder die deutsche Lautsprache?*
Die Lautsprache. Meine Eltern haben mit mir und meinem Bruder, er ist jünger als ich, lautsprachlich kommuniziert. Und das tun sie sogar heute noch oft: Mein tauber Vater spricht weiterhin ausschließlich mit Stimme! Mutter und Vater waren beide lautsprachlich (▶ 28) erzogen worden, da sie als die einzigen Gehörlosen in ihren Familien aufwuchsen und das Gebärden damals in den Schulen verboten war (▶ 25). Aber ich habe die Gebärdensprache trotzdem ganz natürlich gelernt: im gehörlosen Freundeskreis meiner Eltern, vor allem im Sportverein (▶ 21). Ich bin also sozusagen zweisprachig, und sogar in meinen Träumen, abhängig von der Situation, kommuniziere ich einmal mit Gebärden, einmal in Lautsprache.

*Meine Mutter ist schwerhörig, mein Vater taub. Deshalb bin ich, so seltsam es klingen mag, von meinem Verhalten her ebenfalls ein Stück weit gehörlos.*

*Du hast also keine Kurse besuchen müssen, sondern konntest direkt in die Dolmetscherausbildung einsteigen.*
Das dachte ich auch. Aber so war es nicht. Ich musste wie alle anderen die vier Gebärdensprachkurse und eine Intensivwoche besuchen. Und obwohl ich zumindest in den ersten Kursen kaum neue Gebärden kennenlernte, habe auch ich profitiert. Als ich die anderen Kursteilnehmer und -teilnehmerinnen beobachtete, realisierte ich nämlich zum ersten Mal: Oh, die gebärden ja falsch. Da *kann* man Fehler machen! Ich lernte, warum die eine Gebärdenformulierung richtig ist, die andere nicht, und es wurde mir bewusst, dass ich über etwas Wertvolles verfüge: die Gebärdensprache, eine echte Sprache, der eine Grammatik zugrunde liegt und in der sich über alles sprechen lässt.

*Warum braucht es eigentlich Gebärdensprachdolmetschende? Die Gehörlosen lernen doch alle die Lautsprache.*

Ja, das stimmt schon. Aber obwohl den Gehörlosen heute zahlreiche ausgeklügelte technische Mittel zur Verfügung stehen – verschiedenste Hörgeräte, das Cochlea-Implantat (▶ 6) – und obwohl viele gut mit der Lautsprache zurechtkommen, geraten sie immer wieder in Situationen, in denen die Lautsprache eben doch nicht ausreicht: Wenn sie höhere Ausbildungen absolvieren möchten, wenn sie sich neues Wissen erschließen, das Gelernte reflektieren und sich mit anderen Menschen darüber austauschen möchten, dann stoßen sie häufig an eine Grenze, denn auch mit Hörgerät und/oder Cochlea-Implantat müssen sie in Gesprächen von den Lippen ablesen (▶ 24).[1]

> *Ich verbalisiere sozusagen das, was durch Mimik und Körperhaltung ausgedrückt wird, denn die beiden Menschen befinden sich, obwohl sie im selben Raum sind, nicht in einem direkten Sprechkontakt.*

*Noch einmal zurück zu den Voraussetzungen: Was muss ich mitbringen, wenn ich Gebärdensprachdolmetscherin werden möchte?*

Zusätzlich zu den Anforderungen der HfH: Du musst eine integre, vertrauenswürdige Persönlichkeit sein, ein Mensch, der sehr präsent ist, aber gleichzeitig ganz im Hintergrund bleiben kann. Zwar befindest du dich mitten im Geschehen, musst dich jedoch völlig zurücknehmen können. Wer also gern zupackt und sich aktiv einbringt, wer in bestehende Strukturen eingreifen und Situationen verändern möchte, wäre am falschen Platz. Du musst andere Menschen annehmen können und ihre Lebensumstände so akzeptieren, wie sie von ihnen selber gestaltet werden. Du brauchst eine Offenheit, mit Umständen und Gedankengängen, die dir fremd sein mögen, umgehen zu können. Mit »fremd« meine ich nicht etwa nur die Seite der Gehörlosen, sondern genauso die der Hörenden. Auch sie haben jeweils einen individuellen Hintergrund und bringen eigene Beweggründe und Argumente ein, die mich befremden mögen, die ich aber trotzdem einfach so stehen lassen muss.

*Wenn du dich nun in einer Gesprächssituation befindest, wo die beiden Seiten sich irgendwie nicht ganz verstehen, und du meinst zu wissen, warum sie nicht weiterkommen, greifst du auch in solch einem Fall nicht ins Gespräch ein?*
Ich frage mich immer wieder neu, welches das Ziel eines Gesprächs ist. Wenn es sich nun zum Beispiel um eine RAV-Standortbestimmung[2] handelt und die gehörlose Person versteht offensichtlich nicht, warum ein Formular ausgefüllt werden muss, der oder die RAV-Angestellte hingegen setzt dieses Wissen als selbstverständlich voraus, dann greife ich ein und weise darauf hin, indem ich etwa im Namen der Person, für die ich dolmetsche, sage: »Könnten Sie mir das nochmals erklären?« Denn es ist ja ihr gemeinsames Ziel, dass sie miteinander einen Schritt weiterkommen. Auch kann ich, wenn ich eine Reaktion beobachte, beispielsweise ein Zögern beim Weglegen eines Formulars, eine Bemerkung hinzufügen: »Ja, mal sehen.« Dann hat die andere Person nämlich die Möglichkeit zurückzufragen: »Ja, was wollen Sie denn genau sehen?« Ich verbalisiere sozusagen das, was durch Mimik und Körperhaltung ausgedrückt wird, denn die beiden Menschen befinden sich, obwohl sie im selben Raum sind, nicht in einem direkten Sprechkontakt. Also muss ich ausformulieren, was sie voneinander spüren würden, wenn sie sich ohne mich unterhalten könnten.

*Welches sind die speziellen Herausforderungen als Dolmetscherin?*
Herausforderungen auf der menschlichen, auf der sprachlichen oder auf der technischen Ebene? Ich als Mensch bin gefordert, mich immer wieder auf neue Situationen einzulassen und jeder einzelnen mit der nötigen Ernsthaftigkeit zu begegnen. Ich muss einem schwierigen Gesprächsverlauf folgen, diesen aushalten und ihn nachher auch wieder loslassen und ablegen können.

*Schaffst du es immer, unparteiisch zu bleiben?*
Die Emotionalität einer Gesprächssituation kann das Übersetzen tatsächlich erschweren. Ich versuche dann jeweils, mich auf den Vorgang des Dolmetschens, auf das rein sprachliche Verarbeiten des Gesprochenen zu konzentrieren und den eigentlichen Sinn beziehungsweise das Ziel des Gesprächs nicht aus den Augen zu verlieren. In einer emotional geladenen Situation ist es natürlich anstrengender, meine professionelle Haltung der inneren Distanz zu wahren. Umso wichtiger ist, dass ich ein solches Geschehen im Nachhinein reflektiere und mich und meine Rolle hinterfrage.

Ein weiterer Stressfaktor eher psychischer Natur ist die Anwesenheit einer Drittperson im selben Raum, die beide Sprachen kennt und meine Arbeit überprüfen kann. Da es immer mehrere Möglichkeiten gibt, einen Sachverhalt zu übersetzen, da jede Übersetzung durch die Dolmetscherin gefärbt wird und eine Annäherung an das Übersetzte bleibt, da Sprache nichts Eindeutiges ist, kann es sein, dass ich mir bei einem anschließenden Gespräch mit der Drittperson Fragen gefallen lassen muss. Das sehe ich aber auch als Anregung. Schwierig ist das Dolmetschen zudem, wenn mir in einer Gesprächssituation Hintergrundwissen fehlt: Manchmal kennen sich zwei Personen bereits und haben eine gemeinsame Vorgeschichte, also formulieren sie vieles nicht mehr aus, wovon ich meinerseits keine Ahnung habe. Sie setzen dieses Vorwissen voraus, das dann im Hintergrund mitschwingt und es für mich, die ich nicht darüber verfüge, schwierig macht, die feinen Nuancen des Gesprächs zu verstehen und zu übersetzen.

Eine weitere Herausforderung ist die höchste Konzentration, die ich beim Simultanübersetzen aufbringen muss, denn oft habe ich keine zweite Chance. Gerade bei Verdolmetschungen für das Internet-Fernsehen FOCUSFIVE (▶ 11) ist das der Fall: Das Gespräch fließt weiter und ich habe keine Zeit zum Nachfragen oder gar zum Berichtigen.

*Die Gebärdensprache verfügt über verschiedene Komponenten, die gleichzeitig eingesetzt werden: Gebärden, Mimik, Körperhaltung, Blickrichtung – alle sind Bedeutungsträger.*

Damit bin ich nun bei den Schwierigkeiten auf der sprachlichen Ebene angekommen: Anspruchsvoll ist das Dolmetschen, wenn es sich um ein bestimmtes Fachgebiet handelt und ich Fachausdrücke übersetzen muss. Und natürlich stellt die Tagesschau hohe Anforderungen an die Dolmetschenden wegen des rasanten Sprechtempos und der verdichteten Sprache der Moderatorinnen und Moderatoren, wegen der Informationsfülle und der komplexen Inhalte.

*Musst du die Informationen der Tagesschau zusammenfassen, damit die zur Verfügung stehende Zeit reicht?*
Nein, eine simultane Eins-zu-eins-Übersetzung ist möglich, aber es handelt sich dabei um die Wiedergabe des Inhalts, der Aussage, nicht um eine wortwörtliche Wiedergabe in Gebärdensprache. Dies wäre ein Ding der Unmöglichkeit, aber nicht, weil die Gebärdensprache das nicht leisten kann, sondern weil es wörtliche Übersetzungen von einer Sprache in eine andere gar nicht geben kann. Jeder Sprache liegt eine spezifische Grammatik zugrunde, so auch der Gebärdensprache. Während gesprochene Sprachen linear sind – die Wörter folgen aufeinander –, verfügt die Gebärdensprache über verschiedene Komponenten, die gleichzeitig eingesetzt werden: Gebärden, Mimik, Körperhaltung, Blickrichtung, Mundbild (▶ 26) – alle sind Bedeutungsträger. Auch für den Satzbau gelten eigene Strukturen: Subjekte und Objekte werden in Beziehung gebracht durch die Ausführungsstelle der Gebärde im Raum, die Ausrichtung sowie das Tempo. Ankündigungen der direkten Rede (»er sagt« – »sie antwortet«) werden zum Beispiel durch Blickrichtung und Körperhaltung vermittelt. Außerdem werden Emotionen wie Freude, Wut, Enttäuschung und so weiter durch die Mimik, also ohne zusätzliche Gebärde zum Ausdruck gebracht. Die Sprachwissenschaftlerin Penny Boyes Braem sagt: »In eine einzige Gebärde kann eine Menge linguistischer Informationen gepackt werden, für die in einem gesprochenen Satz

mehrere Wörter erforderlich wären. Die Fähigkeit dieser visuellen Sprache, die Simultanität und den dreidimensionalen Raum zu nutzen, hilft ihr, den Nachteil zu kompensieren, dass für das Formen von Gebärden mehr Zeit benötigt wird als für das Formulieren einzelner Wörter.«[3]

*Und können alle Sachverhalte in Gebärdensprache wiedergegeben werden oder musst du den Inhalt vereinfachen?*
Ich möchte betonen, ich vereinfache die Sachverhalte nicht, sondern ich mache sie inhaltlich verständlich, und zwar in ihrer ganzen Komplexität. Ich übersetze alle Informationen und alle Zusammenhänge. Hin und wieder kommt es vor, dass ich eine gehörlose Person treffe, die mir zu einem von mir gedolmetschten Thema gezielt Fragen stellt. Das nehme ich dann als Beweis dafür, dass ich es geschafft habe, den Inhalt hinüberzubringen, denn gute Fragen stellt nur, wer den Zusammenhang verstanden hat und wessen Interesse geweckt wurde. Ein Beispiel: Meine Mutter fragte mich vor einiger Zeit, ob ich ihr das Konzept des »too big to fail«[4], das sie in der Tagesschau gesehen hatte, ganz genau erläutern könne. Ich freute mich sehr über ihre Frage – genau aus diesem Grund war ich Dolmetscherin geworden, nämlich um die Informationsdefizite der Gehörlosen abzubauen.

*Und wenn ein neuer Ausdruck erwähnt wird, für den es (noch) keine etablierte Gebärde gibt?*
Dann habe ich verschiedene Möglichkeiten, ihn zu übersetzen: Nehmen wir das Wort »Bitcoin«. Ich kann es mit dem Fingeralphabet (▶ 9) buchstabieren und seine Bedeutung umschreiben (was übrigens im Deutschen oft auch gemacht wird): neue Internetwährung. Ich kann auch eine Gebärde benutzen, die die *Handhabung* des Bitcoins zeigt (wie ich ihn mit den Fingern halte) oder die seine *Form* beinhaltet (klein und rund).

*Aber können denn wirklich alle Nuancen des Deutschen in der Gebärdensprache wiedergegeben werden? Zum Beispiel die Unterschiede zwischen »verärgert«, »irritiert«, »wütend«, »erbost«, »aufgebracht«, »böse«, »wutentbrannt«, »empört«?*
Das ist ein wunderbares Beispiel. Sind denn nicht alle diese Wörter behelfsmäßige Versuche des Deutschen, die feinen Unterschiede zwischen diesen Gefühlen sprachlich zu fassen? Und gerade weil das so schwierig ist, wird immer noch ein neuer Ausdruck und noch einer gesucht. Die Gebärdensprache kann diese Nuancen unmittelbar mithilfe der Mimik und Körperhaltung und mit der Vehemenz des Gebärdeten ausdrücken.

*Kannst du dich auf das Übersetzen der Tagesschau vorbereiten?*
Ja, die meisten Texte kann ich zwei Stunden vor der Sendung durchlesen. Darunter das, was die Moderation spricht, Reportagen, auch zum Teil Kommentare zu den Bildern. Nicht aber die Live-Interviews wie etwa mit hinzugezogenen Fachpersonen und mit Politikerinnen und Politikern; sie werden spontan aufgenommen. Bei meiner Vorbereitung habe ich keine Zeit für eine Vorübersetzung, sondern ich muss mich auf die Inhalte konzentrieren. Weder lerne ich die Texte auswendig noch habe ich schriftliche Stichworte, die ich von einem Teleprompter5 ablesen könnte, sondern ich bin nur trainiert, sprachliche Äußerungen zu dolmetschen, die ich akustisch wahrnehme.

*Du hast noch Herausforderungen technischer Art erwähnt.*
Ja, damit meinte ich Herausforderungen, die den Umgang mit der Technik betreffen: Es kann erschwerend sein, im Scheinwerferlicht und mit Mikrofon arbeiten zu müssen, wenn ich aufgenommen und auf eine Leinwand projiziert werde. Ich denke da an öffentliche Veranstaltungen des Schweizerischen Gehörlosenbundes (▶ 30), die von mehre-

*Die Gebärdensprache kann diese Nuancen unmittelbar mithilfe der Mimik und Körperhaltung und mit der Vehemenz des Gebärdeten ausdrücken.*

ren Übersetzerinnen und Übersetzern simultan in verschiedene Laut- und Gebärdensprachen übersetzt werden.

*Hast du Zeit, über inhaltliche Zusammenhänge nachzudenken, während du am Übersetzen bist, oder läuft ein rein mechanischer Prozess ab?*
Wenn ich die Tagesschau übersetze, nehme ich die Informationen nicht so auf wie eine Zuschauerin, die sie im Fernsehen verfolgt, sondern ich verarbeite sie rein sprachlich in meinem Kopf. Aber wenn mich ein Geschehen emotional bewegt, kann schon mal etwas hängen bleiben. Zudem habe ich mich ja in den zwei Stunden vor Beginn der Tagesschau bereits damit beschäftigt.

*Du erlebst sicher viele belastende Situationen. Wie verarbeitest du sie?*
Ich muss lernen, damit umzugehen und sie loszulassen. Was mir am meisten dabei hilft, ist der fachliche Austausch mit meinen Berufskolleginnen und -kollegen. Ich darf ihnen gegenüber zwar weder die genaue Situation schildern noch Namen nennen. Das muss ich aber auch nicht, um den Ablauf des Gesprächs zu analysieren und möglichen Faktoren nachzugehen, die zu einem Problem geführt haben. Dieses gemeinsame Reflektieren bringt mir viel. Außerdem habe ich natürlich eine gewisse Routine entwickelt. Es ist mir bewusst, dass ich nicht als Teil eines längeren Prozesses, sondern nur punktuell beteiligt bin. Deshalb kann ich mich relativ leicht wieder davon distanzieren. Manchmal tut mir auch ein Austausch mit gehörlosen Menschen gut. Und beim Sport kann ich richtig durchlüften.

*Nun haben wir länger von den belastenden Aspekten gesprochen. Wie gehst du denn mit Situationen um, die dich freudig bewegen?*

---

*Da ich mich beim Dolmetschen in die sprechende Person versetze und in der Ich-Form rede, kann im Moment gefühlsmäßig eine große Nähe und Identifikation entstehen.*

Stimmt, nicht nur belastende Situationen bewegen mich emotional, sondern auch freudige Vorkommnisse. Ich denke da an die Ultraschall-Untersuchung eines ungeborenen Kindes oder an Ehrungen und Auszeichnungen für besondere Leistungen, aber auch an Kultur- und Sportanlässe. Da ich mich beim Dolmetschen in die sprechende Person versetze und in der Ich-Form rede, kann im Moment gefühlsmäßig eine große Nähe und Identifikation entstehen. Deshalb ziehe ich mich nach einem solchen intensiven Anlass rasch zurück, um wieder zu mir und zu meinem eigenen Leben zu finden.

*Wer zahlt eigentlich für einen Dolmetschereinsatz?*
Einerseits die Invalidenversicherung, und zwar über sogenannte Verfügungen (öffentlich-rechtliche Anweisungen an die Kasse, einen Geldbetrag auszuzahlen): Verfügung für den Arbeitsplatz, Verfügung für eine Weiterbildung. Andererseits stellt auch der Vermittlerdienst procom[6] selber Rechnung an Institutionen der öffentlichen Hand: Polizei, Spital, Gericht. Diese Institutionen müssen die Dolmetscherdienste gemäß Behindertengleichstellungsgesetz (BehiG) (▶ 3) direkt finanzieren. Dann gibt es noch eine dritte Kasse, die über einen Pauschalbetrag für Dolmetschereinsätze verfügt: für Arztbesuche, kulturelle und politische Veranstaltungen und andere Anlässe.

Je mehr das Thema Gehörlosigkeit und Gebärdensprache in der Gesellschaft diskutiert wird, je mehr die Dolmetscherdienste von der Öffentlichkeit wahrgenommen werden, desto eher wird die Notwendigkeit dafür bejaht und das dringend benötigte Geld gesprochen. Warum finden wohl nur ganz selten Gehörlose den Weg an die Gymnasien und Hochschulen? Schweizer Fachleute sehen die Ursache hierfür in der Tatsache, dass bis heute in der ganzen Schweiz keine auf die Gehörlosen und ihre Sprache abgestimmte gymnasiale Matura angeboten wird. Daher gibt es nur sehr wenige gehörlose Schweizerinnen und Schweizer, die an einer der schweizerischen Hochschulen immatrikuliert sind. Umso wichtiger ist es, die Finanzierung von Dolmetschdienstleistungen für diejenigen, welche den Eintritt in eine Fachhochschule oder Universität dennoch schaffen, sicherzustellen.[7]

*Wie siehst du die Zukunft der Gebärdensprache? Wird sie von der Bildfläche verschwinden, da immer mehr gehörlose Kinder integriert geschult werden?*
Es ist tatsächlich so, dass praktisch alle Kinder in Regelklassen integriert werden dank den ständig raffinierteren technischen Hilfsmitteln und mit der Unterstützung von Fachpersonen. Die Auswirkungen dieser Entwicklung kennen wir nicht so genau. Ich beziehe mich daher lieber auf die Vergangenheit, um eine Prognose zu wagen: Die Gebärdensprache wurde in den letzten 130 Jahren aktiv unterdrückt (▶ 25), man wollte sie sogar ausrotten – und sie ist immer noch da. In ihr stecken eine besondere Kraft und Energie. Deshalb wird sie auch in Zukunft überleben!

## Anmerkungen

1. »Rein technologisch sind der Klangwiedergabe mit Cochlea-Implantaten derzeit allerdings enge Grenzen gesetzt: Übliche Implantate haben 12 bis 22 Elektroden. Damit können die Patienten 20 bis 50 verschiedene Tonhöhen hören und – mit etwas Training – Gesprochenes in einigermaßen ruhiger Umgebung gut verstehen. Verglichen mit den fast 2000 Frequenzen, die das gesunde menschliche Ohr zu unterscheiden vermag, ist der Spielraum der Implantate hingegen dürftig.« Helga Rietz, »High Fidelity für Cochlea-Implantate«, in: *Neue Zürcher Zeitung*, 29.1.2014.
2. RAV: Regionales Arbeitsvermittlungszentrum für Stellensuchende.
3. Penny Boyes Braem, *Einführung in die Gebärdensprache und ihre Erforschung*, Seedorf 1995, S. 52.
4. »Too big to fail« bedeutet »zu groß zum Scheitern«. Je größer ein Unternehmen ist, beispielsweise eine Bank, desto verheerender sind die systemischen Auswirkungen, wenn es Konkurs macht. Ist es »too big to fail«, dann darf es nicht zahlungsunfähig werden, sondern muss, wie z. B. 2008 im Falle der UBS, mit staatlicher Finanzhilfe »gerettet« werden.
5. Ein technisches Hilfsmittel mit einem Monitor, der den Text anzeigt.
6. Stiftung Kommunikationshilfen für Hörgeschädigte, www.procom-deaf.ch.
7. Siehe hierzu Penny Boyes Braem / Tobias Haug / Patty Shores, »Gebärdenspracharbeit in der Schweiz: Rückblick und Ausblick«, in: *Das Zeichen, Zeitschrift für Sprache und Kultur Gehörloser*, 90/2012, S. 64.

# Erläuterungen

## 1 ▸ Artikulieren

Kinder mit einer hochgradigen Hörbehinderung nehmen die Laute der Lautsprache nicht ausreichend über das Gehör wahr, um sie durch Nachahmung lernen zu können. Deshalb müssen sie sich das Artikulieren mithilfe anderer Sinneskanäle wie dem visuellen (Gesichts-) und dem taktil-kinästhetischen Sinn (Tast- und Bewegungswahrnehmungssinn) bewusst aneignen.
Sie lernen die Laute, indem sie die verschiedenen Artikulationsarten und -orte, die Lippenbewegungen und Mundbilder sehr genau beobachten. Sie tasten, blasen, erspüren und kontrollieren die Vorgänge beim Bilden der Laute im eigenen Mundraum und üben, üben, üben.

## 2 ▸ Audiopädagogik

Audiopädagogische Fachpersonen begleiten Kinder mit einer Hörbehinderung vom Zeitpunkt ihrer Diagnose bis zum Ende ihrer Erstausbildung.

In der Frühförderung werden die Kinder in ihrer sprachlichen, kognitiven, sozialen und emotionalen Entwicklung unterstützt. Spracherwerb, Umgang mit Hörhilfen und Hörfertigkeiten werden gefördert.

Aufgaben der Audiopädagogik in der Schule sind neben der Gehörschulung der Schülerinnen und Schüler ihre Unterstützung in schulischen, sozialen und emotionalen Belangen, sodass sie im Bildungsprozess bestehen können. Audiopädagoginnen und -pädagogen arbeiten deshalb auch mit den Menschen im Umfeld der Betroffenen zusammen (Eltern, Lehrpersonen, Klassenkameraden, Behörden und Arbeitgeber).

## 3 ▸ Behindertengleichstellungsgesetz (BehiG)

Das Bundesgesetz zur Beseitigung der Benachteiligungen von Menschen mit Behinderungen (Behindertengleichstellungsgesetz, BehiG) ist am 1. Januar 2004 in Kraft getreten. Es konkretisiert den Gleichstellungsauftrag von Artikel 8 der Bundesverfassung und sieht insbesondere in vier zentralen Bereichen Maßnahmen zur Beseitigung von Benachteiligungen vor.
So sollen Hindernisse beim Zugang zu Bauten und Anlagen sowie bei der

Inanspruchnahme von Dienstleistungen, Aus- und Weiterbildungsangeboten und des öffentlichen Verkehrs beseitigt werden (mehr dazu S. 139).

## 4 ▶ Bildungsrückstand

»Das Kind erwirbt Wissen über die Welt großenteils mittels Sprache. Kommunikation mit seinen Eltern und Verwandten, mit anderen Erwachsenen und Kindern erlaubt ihm Erwerb und Übertragung von Kenntnissen. Diese wiederum bilden die unentbehrliche Basis für die Schule. Auch erleichtern sie ihrerseits wieder das Sprachverstehen, denn es gibt ohne Kenntnisse über die Welt kein richtiges Verstehen.«[1] Kinder mit einer hochgradigen Hörbehinderung, die ausschließlich mit Lautsprache aufwachsen, also ohne über eine natürliche Erstsprache zu verfügen, haben einen erschwerten Zugang zu Kommunikation, Wissen und damit letztlich zu jeglicher Bildung. Außerdem lesen und schreiben sie in einer Art Fremdsprache (▶ 23).

## 5 ▶ Bilinguale Methode

Bilingual ist lateinisch für »zweisprachig«. Die bilinguale Erziehung bezweckt, dass Kinder mit einer hochgradigen Hörbehinderung auch die Gebärdensprache (nebst der Lautsprache) früh, wenn möglich sogar als Erstsprache lernen und in beiden Sprachen unterrichtet werden (mehr dazu S. 75).

## 6 ▶ Cochlea-Implantat (CI)

Cochlea ist der lateinische Ausdruck für Hörschnecke. Das Cochlea-Implantat, kurz CI, ist eine Hörhilfe für Personen, bei denen herkömmliche Hörgeräte zu wenig Nutzen bringen, der Hörnerv selber aber intakt ist. Ein Cochlea-Implantat besteht aus zwei Komponenten: dem Implantat unter der Schädeldecke und dem äußeren Sprachprozessor (mehr dazu S. 191).

## 7 ▶ Deaf and dumb

»Deaf and dumb« ist die englische Entsprechung des deutschen Wortes »taubstumm« (▶ 32). Interessant ist der zweite Teil des Ausdrucks: »dumb«, der denselben Ursprung hat wie das deutsche Wort »dumm«. Dessen Grundbedeutung war wohl ursprünglich »stumpf« in Bezug auf Sinne und Verstand! Kein Wunder also, dass sich Menschen mit einer Hörbehinderung gegen den Gebrauch sowohl von »deaf and dumb« als auch von »taubstumm« wehren, das impliziert, sie seien stumm.

## 8 ▸ Denken und Sprache

Wie denkt wohl ein gehörloses Kind, das (noch) keinen Zugang zu Sprache hat, sei das nun Gebärden- oder Lautsprache? Jedenfalls weder in gebärdensprachlichen noch in lautsprachlichen Strukturen, weder in Gebärden noch in Wörtern. In bewegten Bildern und Bildfolgen vielleicht und mit allen möglichen Sinneseindrücken und Gefühlen? Sicher ist einzig, dass ein Kind denken kann, auch wenn es nie mit Sprache in Berührung kam, dass es unterscheiden, kategorisieren, verallgemeinern, ja sogar visuelle Rätsel lösen kann. Aber das Reflektieren über die Vergangenheit, das Planen der Zukunft und das abstrakte Denken sind – so die herrschende Meinung – ohne Sprache nicht möglich. Der renommierte Neurologe Oliver Sacks sagt in *Seeing Voices*: »Ein Mensch, der nicht über Sprache verfügt, ist weder ohne Verstand noch geistig behindert, aber er ist schwer beeinträchtigt in der Reichweite seiner Gedanken, ist faktisch beschränkt auf eine unmittelbare, kleine Welt.«[2]

## 9 ▸ Fingeralphabet

International verbreitet ist das Einhand-Fingeralphabet, mit dem die einzelnen Buchstaben mit den Fingern einer Hand gebildet werden, und zwar etwas seitlich vor der Brust. Rechtshänder brauchen dazu die rechte, Linkshänder die linke Hand. Das Fingeralphabet dient vor allem dazu, Namen, Abkürzungen und Wörter, für die es (noch) keine etablierte Gebärde gibt, zu buchstabieren. Es wurde schon 1620 zum ersten Mal in einem Buch veröffentlicht.

## 10 ▸ FM-Anlage

FM steht für Frequenzmodulation. Bei einer FM-Anlage wird in ein Sendermikrofon gesprochen, das Wellen (ohne Kabel) aussendet, die Menschen mit einer Hörbehinderung über ihre Hörhilfen empfangen. So wird ihr Sprachverstehen erleichtert.

## 11 ▸ FOCUSFIVE TV
FOCUSFIVE ist ein Schweizer Internet-Fernsehen in Gebärdensprache. Das Non-Profit-Unternehmen wurde 2003 gegründet mit dem Ziel, einen für Gehörlose und Schwerhörige barrierefreien Zugang zu News, Informations-, Sport- und Kultursendungen zu schaffen (mehr dazu S. 120).

## 12 ▸ Frühförderprogramm
Frühförderung besteht darin, Kinder mit einer Hörbehinderung schon vor ihrer Einschulung in den Kindergarten zu fördern: zum Beispiel mit einem ersten spielerischen Kontakt mit der Gebärdensprache, sprachfördernden Spielen, Ablesetrainings, mit Hörerziehung und audiopädagogischer Therapie (▸ 2).

## 13 ▸ Gallaudet University
Die Gallaudet University in Washington DC ist weltweit die erste Universität für gehörlose und schwerhörige Studierende und die einzige, die ihr gesamtes Programm auf sie ausgerichtet hat. Sie wird heute von gehörlosen und hörenden Menschen gleichermaßen als oberste Instanz für alle Bereiche angesehen, die Gehörlosigkeit und Gebärdensprache betreffen. Nirgendwo sonst stehen den Menschen mit einer Hörbehinderung so viele Wege zu einer höheren Bildung offen, nirgendwo sonst können sie ungehindert die Karriereleiter hochklettern, ohne dass ihr Lernen durch kommunikative Barrieren erschwert ist (mehr dazu S. 175).

## 14 ▸ Gebärdensprache
Die Gebärdensprachen sind natürliche Sprachen, das heißt, sie wurden nicht erfunden, sondern haben sich ganz natürlich entwickelt. Deshalb sind sie auch von Land zu Land, ja sogar von Region zu Region verschieden. Allein in Europa gibt es über zwanzig offizielle Gebärdensprachen. Sie folgen, genau wie die Lautsprachen, eigenen grammatikalischen Regeln. In der Gebärdensprache werden Hände und Arme sowie Mimik, Mundbild (▸ 26), Blick, Kopf und Oberkörper eingesetzt. Man kann in ihr ebenso gut über alles reden wie in Lautsprache (mehr dazu S. 15). Da das Verschriftlichen von Gebärdensprache nicht verbreitet ist, schreiben und lesen Gehörlose normalerweise in einer Lautsprache, also sozusagen in einer Fremdsprache.

## 15 ▸ Gehörlos – schwerhörig – taub

Die Definition des Begriffs »gehörlos« hängt von der Perspektive ab: Aus medizinischer Sicht ist er mit »taub« gleichzusetzen und bezieht sich auf ein Resthörvermögen mit einer Hörschwelle von etwa 90 Dezibel (dB) – je nach Quelle variiert dieser Wert (▸ 17). Aus der Sicht der Gehörlosen hingegen definiert er weniger den Grad des Hörvermögens einer Person als vielmehr deren Zugehörigkeit zur Gemeinschaft und Kultur (▸ 21) derjenigen, die Gebärdensprache sprechen. Das Eigenverständnis der Gehörlosen unterscheidet sich deutlich von dem jener Personen, die sich als »schwerhörig« bezeichnen. Schwerhörige sind in ihrer Kommunikation meist akustisch orientiert, das heißt, sie kommunizieren in Lautsprache und bewegen sich kulturell vor allem in der Gesellschaft der Hörenden. Wie viele Menschen mit einer höchstgradigen Schwerhörigkeit in der Schweiz leben, ist zahlenmäßig nicht genau belegt, aber man kann von einem Tausendstel der Bevölkerung ausgehen, also von rund 8000 Betroffenen (mehr dazu S. 39).

## 16 ▸ Gemeinsamer Europäischer Referenzrahmen (GER oder GeR)

Der Gemeinsame Europäische Referenzrahmen für Sprachen des Europarats ist ein Instrument, das die Sprachkompetenz von Lernenden vergleichbar macht, indem für die Teilqualifikationen Leseverstehen, Hörverstehen, Schreiben und Sprechen sechs Kompetenzniveaus formuliert werden: A1, A2, B1, B2, C1, C2. A beschreibt eine elementare Sprachverwendung, B eine selbständige Sprachverwendung, C eine kompetente Sprachverwendung (mehr dazu S. 163).

## 17 ▸ Grade der Hörbehinderung in Dezibel[3]

Normal hörend: Hörschwelle bei 0 dB bis 20 dB
Geringgradige Schwerhörigkeit: Hörschwelle bei 20 dB bis 40 dB
Mittelgradige Schwerhörigkeit: Hörschwelle bei 40 dB bis 55 dB
Hochgradige Schwerhörigkeit: Hörschwelle bei 55 dB bis 70 dB
Höchstgradige Schwerhörigkeit: Hörschwelle bei 70 dB bis 90 dB
Taub oder an Taubheit grenzend: Hörschwelle über 90 dB
Diese Einteilung variiert stark je nach Quelle!

## 18 ▶ Inklusion

Eine Gesellschaft, in der das Zusammenleben der Menschen vom Konzept der Inklusion bestimmt wird, kennt keinen Unterschied zwischen »normal« und »nicht normal«. Allein die Vielfalt ist normal. Somit können alle Menschen gleichberechtigt am täglichen Leben teilhaben. Dieses Prinzip ist in der UNO-Konvention zum Schutz von Menschen mit Behinderungen festgehalten (▶ 33).

## 19 ▶ Integration in die Gesellschaft

Wird die Integration eines gehörlosen Kindes in die Gesellschaft der Hörenden gefährdet, wenn es neben der Lautsprache gleichzeitig auch die Gebärdensprache lernt, weil es – wie manchmal behauptet wird – »sprechfaul« würde und sich nicht mehr im gleichen Ausmaß auf die Lautsprache konzentrieren könnte? Oder fördert die Gebärdensprache seine Integration sogar, weil das Kind, wenn es über eine natürliche Erstsprache verfügt, den Zugang zu Wissen und Lautsprache leichter findet?

## 20 ▶ Kommunikationsprobleme

Gehörlose Menschen haben oft Kommunikationsprobleme. In einer lauten oder schlecht beleuchteten Umgebung wird Kommunikation für sie rasch zu einem Problem. An kulturellen und anderen gesellschaftlichen Anlässen können sie nur bedingt teilnehmen, da diese in den allerwenigsten Fällen in Gebärdensprache verdolmetscht werden. Im staatlichen Schweizer Fernsehen gibt es bis heute nur sehr vereinzelt Sendungen mit Gebärdensprache (zum Beispiel die Hauptausgabe der Tagesschau auf SRF info um 19.30 Uhr), und lediglich knapp die Hälfte der (deutschen) Sendungen ist untertitelt (▶ 34). Leider sind die für Dolmetschereinsätze zur Verfügung stehenden finanziellen Mittel trotz des BehiG (▶ 3) beschränkt.

## 21 ▶ Kultur der Gehörlosen

Grundlage der Gemeinschaft und Kultur der Gehörlosen ist die visuelle Gebärdensprache. Nur in ihr können sich gehörlose Menschen barrierefrei verständigen. Darauf basiert ihre eigene Kultur: das Gebärdensprachtheater, die Gebärdensprachpoesie, der Deaf-Slam (gebärdensprachlicher Poetry-Slam), Gehörlosensportvereine, um nur einige zu nennen (mehr dazu S. 117).

## 22 ▶ Lautsprachbegleitendes Gebärden
Das Lautsprachbegleitende Gebärden (LBG) ist keine eigentliche Sprache. Die Wörter der Lautsprache, in unserem Fall Deutsch, werden eins zu eins mit Gebärden wiedergegeben, sozusagen als gebärdetes Deutsch. Dem LBG liegt keine eigene Grammatik zugrunde, sondern es folgt der Struktur der Lautsprache. Das LBG kann zum Beispiel im Deutschunterricht eingesetzt werden, um die deutsche Grammatik verständlich zu machen (mehr dazu S. 61).

## 23 ▶ Lesen und Schreiben
Der Umgang mit der Schriftsprache fällt vielen Menschen, die mit einer hochgradigen Hörbehinderung geboren wurden, nicht leicht (anders sieht es aus für diejenigen, die das Gehör erst nach dem Spracherwerb verloren haben, sogenannte Spätertaubte). Gehörlos geborene Menschen sind nicht wie die Hörenden von Geburt an von Lautsprache umgeben und können diese deshalb nicht intuitiv erwerben. Sie müssen nicht nur die Laute (▶ 1), sondern auch den Wortschatz bewusst lernen. Deshalb lesen und schreiben sie immer in einer Art Fremdsprache und sind folglich nicht gleich vertraut mit der Schriftsprache wie Hörende mit ihrer Muttersprache.

## 24 ▶ Lippenlesen
Im Deutschen können nur höchstens 30 Prozent der Laute eindeutig von den Lippen abgelesen werden, die anderen 70 Prozent müssen ergänzt beziehungsweise erraten werden. Erfolgreiches Erraten und Ergänzen setzen aber einen gewissen Grundwortschatz voraus, denn wie soll ich ein Wort erraten, wenn ich es gar nicht kenne?

## 25 ▶ Mailänder Kongress
Am Mailänder Kongress von 1880 entschieden führende europäische Gehörlosenpädagogen, alle hörend, dass bei der Erziehung von gehörlosen Kindern die ihrer Ansicht nach der Gebärdensprache überlegene Lautsprache anzuwenden sei. Nur das lautsprachliche Sprechen und Lippenlesen könne zu einem tieferen Verständnis von Sprache führen. Dieser Beschluss wurde erst 2010 aufgehoben (mehr dazu S. 99).

## 26 ▸ Mundbild

Als Mundbild wird in der Gebärdensprache Form und Bewegung des Mundes beim tonlosen Sprechen eines Wortes bezeichnet. Das Mundbild dient dazu, zwischen ähnlichen oder gleichen Gebärden mit unterschiedlichen Bedeutungen zu differenzieren. So werden zum Beispiel in der Schweizer Gebärdensprache SCHWESTER und BRUDER fast gleich gebärdet, da die Wörter aber gleichzeitig auch tonlos gesprochen werden, können sie trotzdem unterschieden werden.

## 27 ▸ Optimale Kommunikationsbedingungen im direkten Gespräch[4]

Die Kommunikation zwischen Hörenden und Gehörlosen ist nicht immer einfach. Hier einige Tipps für Hörende, wie sie besser gelingen kann:
- Aufmerksamkeit auf sich lenken durch Antippen, Winken, Klopfen, Lichtsignal.
- Auf gute Beleuchtung achten.
- Blickkontakt herstellen.
- Den eigenen Mund nicht verdecken.
- Deutlich hochdeutsch sprechen.
- Langsam und in normaler Lautstärke sprechen.
- Kurze, einfache Sätze machen.
- Nicht gleichzeitig sprechen und etwas zeigen.
- Hin und wieder inhaltliche Rückfragen stellen.
- Bei Nichtverstehen: Gesagtes wiederholen, aufschreiben oder schematisch darstellen.
- Einen Themenwechsel ankünden.

## 28 ▸ Orale Methode

Die orale Methode (von lateinisch »os«, Mund) setzt bei der Schulung von Kindern mit einer Hörbehinderung auf die Lautsprache und verzichtet weitgehend auf die Gebärdensprache (mehr dazu S. 75).

## 29 ▸ Recht auf ein gehörloses Kind

In den USA machte Anfang der 1990er-Jahre der Fall zweier gehörloser Mütter Schlagzeilen, die einen Samenspender für ein gehörloses Kind suchten.

Dieser Fall trat eine rege Debatte über die Frage los, ob jemand das Recht habe, absichtlich ein »behindertes« Kind zu »erzeugen«.

Manche gehörlose Eltern wünschen sich, dass ihr Kind ebenfalls gehörlos sei, denn sie sehen die Gehörlosigkeit nicht als eine Behinderung, sondern einfach als ein Charakteristikum einer besonderen kulturellen Identität, deren Hauptmerkmal die Gebärdensprache ist. Aber natürlich freuen sie sich schlussendlich genauso über die Geburt eines hörenden wie über die eines gehörlosen Kindes.

## 30 ▸ SGB-FSS

Der Schweizerische Gehörlosenbund (SGB-FSS), der Dachverband der Gehörlosen- und Hörbehinderten-Selbsthilfe, wurde 1946 gegründet und setzt sich für gleiche Rechte und Chancen wie für Hörende so auch für Gehörlose und Menschen mit einer Hörbehinderung in Bildung, Beruf, Gesellschaft und Kultur ein. Der SGB-FSS »strebt eine regionale und nationale Vernetzung der Organisationen im Gehörlosen- und Hörbehindertenwesen an. Er betreibt eine aktive Kommunikation für die Gebärdensprache und tritt als Vertreter der Gebärdensprach-Kultur auf. Der SGB-FSS richtet sich an alle, die sich für diese Kultur interessieren.«[5]

## 31 ▸ Spracherwerb

Niemand erklärt einem Baby die Sprachregeln. Und trotzdem kann das Kind im Alter von drei bis vier Jahren seine Muttersprache mehr oder weniger korrekt sprechen. Hörende Kinder sind seit ihrer Geburt (ja eigentlich schon im Mutterleib) von Lautsprache umgeben, und aus diesem akustisch wahrgenommenen sprachlichen Input leiten sie dank einer angeborenen Fähigkeit, Sprachstrukturen zu erkennen und zu verstehen, die Regeln ihrer Muttersprache intuitiv ab. Ebenso intuitiv erkennen und verstehen gehörlose Babys die Sprachstrukturen der visuellen Gebärdensprache und leiten deren Regeln ab, wenn sie von gebärdenden Menschen umgeben sind und diese beobachten und nachahmen können. Wenn aber niemand mit ihnen in Gebärdensprache spricht, können sie diese angeborene Fähigkeit des natürlichen Spracherwerbs nicht entwickeln.

Gebärdensprachen werden übrigens genauso wie Lautsprachen im Sprachzentrum des Gehirns verarbeitet und nicht in den Arealen für visuelle Reize.

## 32 ▸ Taubstumm

Der Ausdruck »taubstumm« bedeutet wörtlich »taub« sowie »unfähig, sich lautsprachlich auszudrücken«. Menschen mit einer höchstgradigen Schwerhörigkeit lernen aber mithilfe eines Sprechtrainings sprechen, und zwar mit Stimme. Sie sind also keineswegs stumm. Der Ausdruck muss deshalb vermieden werden. Die korrekte Bezeichnung ist »schwerhörig«, »gehörlos« oder »taub« (▸ 15).

## 33 ▸ UNO-Konvention zum Schutz von Menschen mit Behinderungen

»*Artikel 1*
Zweck dieses Übereinkommens ist es, den vollen und gleichberechtigten Genuss aller Menschenrechte und Grundfreiheiten durch alle Menschen mit Behinderungen zu fördern, zu schützen und zu gewährleisten und die Achtung der ihnen innewohnenden Würde zu fördern. [...]
*Artikel 2*
Im Sinne dieses Übereinkommens [...] schließt ›Sprache‹ gesprochene Sprachen sowie Gebärdensprachen und andere nicht gesprochene Sprachen ein [...].
*Artikel 21*
Die Vertragsstaaten treffen alle geeigneten Maßnahmen, um zu gewährleisten, dass Menschen mit Behinderungen das Recht auf freie Meinungsäußerung und Meinungsfreiheit, einschließlich der Freiheit, Informationen und Gedankengut sich zu beschaffen, zu empfangen und weiterzugeben, gleichberechtigt mit anderen und durch alle von ihnen gewählten Formen der Kommunikation im Sinne des Artikels 2 ausüben können, unter anderem indem sie [...] e) die Verwendung von Gebärdensprachen anerkennen und fördern.
*Artikel 24*
1. Die Vertragsstaaten anerkennen das Recht von Menschen mit Behinderungen auf Bildung. [...]
2. Bei der Verwirklichung dieses Rechts stellen die Vertragsstaaten sicher, dass [...] d) Menschen mit Behinderungen innerhalb des allgemeinen Bildungssystems die notwendige Unterstützung geleistet wird, um ihre erfolgreiche Bildung zu erleichtern. [...]
3. Die Vertragsstaaten ermöglichen Menschen mit Behinderungen, lebenspraktische Fertigkeiten und soziale Kompetenzen zu erwerben, um ihre

volle und gleichberechtigte Teilhabe an der Bildung und als Mitglieder der Gemeinschaft zu erleichtern. Zu diesem Zweck ergreifen die Vertragsstaaten geeignete Maßnahmen; unter anderem [...] b) erleichtern sie das Erlernen der Gebärdensprache und die Förderung der sprachlichen Identität der Gehörlosen; c) stellen sie sicher, dass blinden, gehörlosen oder taubblinden Menschen, insbesondere Kindern, Bildung in den Sprachen und Kommunikationsformen und mit den Kommunikationsmitteln, die für den Einzelnen am besten geeignet sind, sowie in einem Umfeld vermittelt wird, das die bestmögliche schulische und soziale Entwicklung gestattet.«[6]
Die UNO-Konvention zum Schutz von Menschen mit Behinderungen wurde am 15. April 2014 von der Schweiz ratifiziert.

## 34 ▸ Untertitelung und gebärdete Sendungen

»12 025 Stunden Programm der drei Deutschschweizer Fernsehkanäle [das entspricht knapp 50 Prozent der Gesamtsendezeit; Anm. J. K.] waren im letzten Jahr untertitelt. Alle diese Sendungen können neu auch im Internet mit Untertiteln geschaut werden. Für die Romandie und das Tessin soll dieses Angebot bis Mitte 2014 realisiert werden. Auch bei gebärdeten Sendungen sind Fortschritte gemacht worden: Die Tagesschau um 19.30 Uhr wird auf SRF info live gebärdet. Alle gebärdeten Sendungen (Tagesschau, Kassensturz, Bundesratsansprachen zu Abstimmungsvorlagen) werden neu auch live im Internet angeboten und es können Untertitel zugeschaltet werden. Zudem will SRF in Zukunft mehr über Themen aus der Gehörlosengemeinschaft berichten. Das Web-TV FOCUSFIVE soll dafür Inputs liefern. Für die Zukunft ist eine Steigerung wie 2013 leider nicht mehr zu erwarten. Die SRG gibt bekannt, dass sie jetzt ihren Ausbau ›im Rahmen des Möglichen‹ abgeschlossen hat, zu dem sie sich gegenüber den Verbänden der Sinnesbehinderten verpflichtet hatte.

Untertitelung 2013:

| | | |
|---|---|---|
| SRF 1 | 50,7 % | (+ 27,9 %) |
| SRF 2 | 48,9 % | (+ 5,3 %) |
| SRF info | 48,4 % | (+ 35,7 %) |
| Deutschschweiz | 49,2 % | (+ 21,5 %)«[7] |

## 35 ▸ Visuelle Orientierung

Menschen mit einer Hörbehinderung sind in ihrer Wahrnehmung stark visuell orientiert. Deshalb werden sie hin und wieder auch »Augenmenschen« genannt. In ihrer Kommunikation sind sie immer auf Sicht- beziehungsweise Blickkontakt mit den Gesprächspartnerinnen und -partnern angewiesen, da sie entweder gebärden oder, wenn sie Lautsprache sprechen, von den Lippen ablesen (▸ 24).

## 36 ▸ Was ist laut?[8]

| | |
|---|---|
| 0–10 dB | fast unhörbar (raschelndes Blatt) |
| 20 dB | kaum hörbar (tickende Uhr) |
| 30 dB | sehr leise (feiner Regen) |
| 40 dB | leise (Aufenthalt im Wohnzimmer) |
| 50 dB | eher leise (normales Gespräch) |
| 60 dB | mäßig laut (Büro) |
| 70 dB | laut (lautes Gespräch in einem Meter Abstand, durchschnittlicher Straßenverkehr) |
| 80 dB | sehr laut (laute Musik) |
| 90 dB | sehr laut (laute Fabrikhalle, schwerer Lastwagen) |
| 100 dB | sehr laut bis unerträglich (Presslufthammer) |
| 110 dB | unerträglich (Kesselschmiede, Disco, Popkonzert) |
| 120 dB | unerträglich (Düsenflugzeug in 50 Meter Abstand) |
| 130 dB | Schmerzschwelle |

## Anmerkungen

1. François Grosjean, »Das Recht des gehörlosen Kindes, zweisprachig aufzuwachsen«, in: Schweizerischer Gehörlosenbund (Hrsg.), *Auf dem Weg zur Bilingualität*, Zürich 2013, S. 25.
2. Oliver Sacks, *Seeing Voices*, New York 2000, S. 34 (Übersetzung J. K.).
3. Angaben nach www.hearcom.eu › HörRatgeber › Glossar › Hörverlustgrade (Abfrage 28.3.2014).
4. Die Regeln basieren auf dem Merkblatt »Gehörlose / hörbehinderte Patienten« der Gehörlosenfachstelle, www.gehoerlosenfachstellen.ch (Abfrage 27.3.2014).
5. www.sgb-fss.ch › Über den SGB-FSS › Strategische Leitlinien (Abfrage 28.03.2014).
6. www.egalite-handicap.ch › Gleichstellungsrecht › International › Vereinte Nationen / Die UNO Behindertenrechtskonvention (Abfrage 15.4.2014).
7. *visuellPlus. Zeitschrift des Schweizerischen Gehörlosenbundes SGB-FSS und des Schweizerischen Gehörlosen Sportverbandes SGSV-FSSS*, April/Mai 2014, S. 33.
8. Lärmfibel der Wiener Umweltschutzabteilung, MA22, Magistrat der Stadt Wien, www.medizinpopulaer.at/fileadmin/PDFs/047_Laermtabelle.pdf (Abfrage 14.4.2014).

# Bibliografie

### Bücher, Zeitschriften, DVD

Boyes Braem, Penny, *Einführung in die Gebärdensprache und ihre Erforschung,* Hamburg 1995.

Boyes Braem, Penny / Haug, Tobias / Shores, Patty, »Gebärdenspracharbeit in der Schweiz: Rückblick und Ausblick«, in: *Das Zeichen. Zeitschrift für Sprache und Kultur Gehörloser,* 90/2012.

Bräunlich, Simone, *Kommunikationsbarriere als Ursache für die psychischen Störungen der Gehörlosen,* Bachelorarbeit, Hamburg 2011.

Grieder, Sonja, *Brabbeln und Babysprache,* Informationsheft Nr. 38 des Vereins zur Unterstützung der Gebärdensprache der Gehörlosen, Zürich 2002.

Grosjean, François, »Das Recht des gehörlosen Kindes, zweisprachig aufzuwachsen«, in: Schweizerischer Gehörlosenbund (Hrsg.), *Auf dem Weg zur Bilingualität,* Zürich 2013.

Krapf, Johanna, *Hände bewegen. Eine Werkstatt zum Kennenlernen der Gebärdensprache,* mit DVD, Zürich 2011.

Krapf, Johanna, *Pauline und der Froschkönig. Vier Geschichten in Gebärdensprache,* DVD, Jona 2012.

Rietz, Helga, »High Fidelity für Cochlea-Implantate«, in: *Neue Zürcher Zeitung,* 29.1.2014.

Sacks, Oliver, *Seeing Voices,* New York 2000.

Schumacher, Kerstin, »Im Kino war Lea noch nie«, in: *Spektrum neo,* 4/2013.

Shores, Patty / Martens-Wagner, Julia / Kollien, Simon, »Zwei Veranstaltungen im Rahmen des PRO-Sign-Projektes in Graz, Österreich«, in: *Das Zeichen. Zeitschrift für Sprache und Kultur Gehörloser,* 94/2013.

Solomon, Andrew, *Far From the Tree,* New York 2012.

Uhlig, Anne C., *Ethnographie der Gehörlosen,* Bielefeld 2012.

*visuellPlus. Zeitschrift des Schweizerischen Gehörlosenbundes SGB-FSS und des Schweizerischen Gehörlosen Sportverbandes SGSV-FSSS,* April/Mai 2014.

## Websites

Eidgenössisches Büro für die Gleichstellung von Menschen mit Behinderungen: www.edi.admin.ch/ebgb

Fachstelle Égalité Handicap: www.egalite-handicap.ch

Gebärdensprach-Web-TV FOCUSFIVE: www.focusfive.tv

Gallaudet University, Washington DC: www.gallaudet.edu

Arbeitsgemeinschaft der Sozialtätigen im Gehörlosenwesen der deutschen Schweiz: www.gehoerlosenfachstellen.ch

Projekt HearCom: www.hearcom.eu

Hochschule für Heilpädagogik, Zürich: www.hfh.ch

Verein Humanrights.ch: www.humanrights.ch

Sek3, Zürich: www.sek3.ch

Schweizerischer Gehörlosenbund: www.sgb-fss.ch

Projekt Theatertraum: www.theatertraum.ch

## Autorin

Johanna Krapf, 1956 geboren in Liestal, ist als Englischlehrerin tätig. Seit vielen Jahren widmet sie sich der Gebärdensprache, etwa als Autorin des Buchs *Hände bewegen*, einer Werkstatt für hörende Kinder zum Kennenlernen der Gebärdensprache (2011). Sie ist Mutter von drei erwachsenen Kindern und lebt in Jona.

Marco Leuenberger, Loretta Seglias
**Versorgt und vergessen**
Ehemalige Verdingkinder erzählen

Mit 20 Fotos von Paul Senn
320 Seiten, 5. Aufl. 2008
978-3-85869-382-2

Marina Frigerio
**Verbotene Kinder**
Die Kinder der italienischen Saisonniers erzählen von Trennung und Illegalität

Vorwort von Franz Hohler
184 Seiten, 2018
978-3-85869-587-1

»Es sind erschütternde Zeugnisse von Ausbeutung und Diskriminierung, die erstmals umfassend Einblick in ein düsteres Kapitel schweizerischer Sozialgeschichte des zwanzigsten Jahrhunderts geben.«
*NZZ am Sonntag*

»Frigerios Buch ist Oral History im besten Sinne, denn es gibt den zum Stummsein Verdammten ihre Stimme und Geschichten zurück und bettet diese in den politisch-gesellschaftlichen Kontext ein.«
*Berner Zeitung*

Sabine Bitter, Nathalie Nad-Abonji
**Tibetische Kinder für Schweizer Familien**
Die Aktion Aeschimann

240 Seiten, 2018
978-3-85869-779-0

Martin Arnold, Urs Fitze
**Kinder auf der Flucht**
Humanitäre Hilfe und Integration in der Schweiz vom Ersten Weltkrieg bis heute

240 Seiten, 2020
978-3-85869-885-8

»Das Buch erzählt von den Anfängen der Auslandsadoptionen von Kindern aus Drittweltländern, es erzählt von diversen Konstruktionsfehlern trotz oder gerade aufgrund viel guten Willens. Die beiden Autorinnen rollen die Tragik dieser Aktion auf – wissenschaftlich sehr fundiert und journalistisch spannend aufbereitet.«
*SRF 2 Kultur*

Das Drama der geflüchteten Kinder ist nie vorbei. Das zeigen die aktuellen Bilder aus Idlib oder Lesbos, das zeigt aber auch ein Blick in die Geschichte. Die Schweiz spielte stets eine besondere Rolle, wenn es um Menschen und insbesondere Kinder auf der Flucht ging – im Positiven wie auch im Negativen. Die beiden Autoren ziehen mit den Mitteln der historischen Recherche und der Reportage einen Querschnitt durch das 20. und 21. Jahrhundert

# Rotpunktverlag.